论学习贯彻党的十八届六中全会精神

人 民 出 版 社

图书在版编目（CIP）数据

论学习贯彻党的十八届六中全会精神.—北京：人民出版社，2016.11
ISBN 978－7－01－016966－8

I.①论… Ⅱ. Ⅲ.①中国共产党十八届六中全会（2016）－文件－
学习参考资料 Ⅳ.①D229

中国版本图书馆 CIP 数据核字（2016）第 270377 号

论学习贯彻党的十八届六中全会精神
LUN XUEXI GUANCHE DANG DE SHIBAJIE LIUZHONGQUANHUI JINGSHEN

人民出版社 出版发行
（100706 北京市东城区隆福寺街 99 号）

北京盛通印刷股份有限公司印刷 新华书店经销

2016 年 11 月第 1 版 2016 年 11 月北京第 1 次印刷
开本：710 毫米×1000 毫米 1/16 印张：6.5
字数：51 千字 印数：00,001-30,000 册

ISBN 978－7－01－016966－8 定价：16.00 元

邮购地址 100706 北京市东城区隆福寺街 99 号
人民东方图书销售中心 电话 （010）65250042 65289539
版权所有·侵权必究
凡购买本社图书，如有印制质量问题，我社负责调换。
服务电话：(010)65250042

目　录

1

2

中国共产党第十八届中央委员会第六次全体会议公报

（2016 年 10 月 27 日中国共产党第十八届
中央委员会第六次全体会议通过）

中国共产党第十八届中央委员会第六次全体会议，于 2016 年 10 月 24 日至 27 日在北京举行。

出席这次全会的有，中央委员 197 人，候补中央委员 151 人。中央纪律检查委员会委员和有关方面负责同志列席会议。党的十八大代表中部分基层同志和专家学者也列席会议。

全会由中央政治局主持。中央委员会总书记习近平作了重要讲话。

全会听取和讨论了习近平受中央政治局委托作的工作报告，审议通过了《关于新形势下党内政治生活的若干准则》和《中国共产党党内监督条例》，审议通过了《关于召开党的第十九次全国代表大会的决议》。

习近平就《准则（讨论稿）》和《条例（讨论稿）》向全会作了说明。

全会充分肯定党的十八届五中全会以来中央政治局的工作。一致认为，面对复杂的国际国内形势，中央政治局高举中国特色社会主义伟大旗帜，坚持以马克思列宁主义、毛泽东思想、邓小平理论、"三个代表"重要思想、科学发展观为指导，全面贯彻党的十八大和十八届三中、四中、五中全会精神，深入贯彻习近平总书记系列重要讲话精神和治国理政新理念新思想新战略，把握时代大势，回应实践要求，团结带领全党全国各族人民同心协力、苦干实干，统筹推进"五位一体"总体布局和协调推进"四个全面"战略布局，开展"两学一做"学习教育，推动全面深化改革、供给侧结构性改革、国防和军队改革迈出重大步伐，党和国家各项工作取得新的重大进展。

全会高度评价全面从严治党取得的成就，认为党的十八大以来，以习近平同志为核心的党中央身体力行、率先垂范，坚定推进全面从严治党，坚持思想建党和制度治党紧密结合，集中整饬党风，严厉惩治腐败，净化党内政治生态，党内政治生活展现新气象，赢得了党心民心，为开创党和国家事业新局面提供了重要保证。

全会总结了我们党开展党内政治生活的历史经验,分析了全面从严治党面临的形势和任务,认为办好中国的事情,关键在党,关键在党要管党、从严治党。党要管党必须从党内政治生活管起,从严治党必须从党内政治生活严起。为更好进行具有许多新的历史特点的伟大斗争、推进党的建设新的伟大工程、推进中国特色社会主义伟大事业,经受"四大考验"、克服"四种危险",有必要制定一部新形势下党内政治生活的准则。

全会强调,新形势下加强和规范党内政治生活,必须以党章为根本遵循,坚持党的政治路线、思想路线、组织路线、群众路线,着力增强党内政治生活的政治性、时代性、原则性、战斗性,着力增强党自我净化、自我完善、自我革新、自我提高能力,着力提高党的领导水平和执政水平、增强拒腐防变和抵御风险能力,着力维护党中央权威、保证党的团结统一、保持党的先进性和纯洁性,努力在全党形成又有集中又有民主、又有纪律又有自由、又有统一意志又有个人心情舒畅生动活泼的政治局面。

全会强调,新形势下加强和规范党内政治生活,重点是各级领导机关和领导干部,关键是高级干部特别是中央委员会、中央政治局、中央政治局常务委员会的组成人员。高级干部特别是中央领导层组成人员必须以身作则,模范遵守党章党规,严守党的政治纪律和政治规矩,坚持不忘初心、继续前进,坚持率先垂范、以上率下,为全党全社会作出示范。

全会提出,共产主义远大理想和中国特色社会主义共同理想,是中国共产党人的精神支柱和政治灵魂,也是保持党的团结统一的思想基础。必须把坚定理想信念作为开展党内政治生活的首要任务。全党同志必须把对马克思主义的信仰、对社会主义和共产主义的信念作为毕生追求,坚定对中国特色社会主义的道路自信、理论自信、制度自信、文化自信。领导干部特别是高级干部要以实际行动让党员和群众感受到理想信念的强大力量。全党必须毫不动摇坚持马克思主义指导思想,党的各级组织必须坚持不懈抓好理论武装,广大党员、干部特别是高级干部必须自觉抓好学习、增强党性修养。

全会提出,党在社会主义初级阶段的基本路线是党和国家的生命线、人民的幸福线,也是党内政治生活正常开展的根本保证。必须全面贯彻执行党的基本路线,把以经济建设为中心同坚持四项基本原则、坚持改革开放这两个基本点统一于中国特色社会主义伟大实践,任何时候都不能有丝毫偏离和动摇。全党必须聚精会神抓好发展这个党执政兴国的第一要务。坚持四项基本原则,根本是坚持党的领导,坚持中国特色社会主义道路、中国特色社会主义理论体系、中国特色社会主义制度、中国特色社会主义文化。必须勇于推进理论创新、实践创新、制度创新、文化创新以及其他各方面创新,坚定不移实施对外开放基本国策。必须把坚持党的思想路线贯穿于执行党的基本路线全过程,在实践中检验真理和发展真理,不断推进马克思主义中国化。考察识别干部特别是高级干部必须首先看是否坚定不移贯彻党的基本路线。党员、干部特别是高级干部在大是大非面前不能态度暧昧,不能动摇基本政治立场,不能被错误言论所左右。

全会提出,坚决维护党中央权威、保证全党令行禁止,是党和国家前途命运所系,是全国各族人民根本利益所在,也是加强和规范党内政治生活的重要目的。坚持党的领导,首先是坚持党中央的集中统一领导。一个国家、一个政党,领导核心至关重要。全党必须自觉在思想上政治上行动上同党中央保持高度一致。党的各级组织、全体党员特别是高级干部都要向党中央看齐，向党的理论和路线方针政策看齐，向党中央决策部署看齐，做到党中央提倡的坚决响应、党中央决定的坚决执行、党中央禁止的坚决不做。

全会提出，纪律严明是全党统一意志、统一行动、步调一致前进的重要保障，是党内政治生活的重要内容。必须严明党的纪律，把纪律挺在前面，用铁的纪律从严治党。坚持纪律面前一律平等，遵守纪律没有特权，执行纪律没有例外，党内决不允许存在不受纪律约束的特殊组织和特殊党员。党的各级组织和全体党员必须对党忠诚老实、光明磊落，说老实话、办老实事、做老实人，如实向党反映和报告情况，反对搞两面派、做"两面人"，反对弄虚作假、虚报浮夸，反对隐瞒实情、报喜不报忧。领导机关和领导干部不准以任何理由和名义纵容、唆使、暗示或强迫下级说假话。党内不准搞拉拉扯扯、吹吹拍拍、阿谀奉承。对领导人的宣传要实事求是，禁止吹捧。党的各级组织必须担负起执行和维护政治纪律和政治规矩的责任，坚决防止和纠正执行纪律宽松软的问题。

全会提出，我们党来自人民，失去人民拥护和支持，党就会失去根基。必须把坚持全心全意为人民服务的根本宗旨、保持党同人民群众的血肉联系作为加强和规范党内政治生活的根本要求。全党必须贯彻党的群众路线,为群众办实事、解难事,当好人民公仆。坚持问政于民、问需于民、问计于民,决不允许在群众面前自以为是、盛气凌人,决不允许当官做老爷、漠视群众疾苦,更不允许欺压群众、损害和侵占群众利益。必须坚决反对形式主义、官僚主义、享乐主义和奢靡之风。各级领导干部必须深入实际、深入基层、深入群众,多到条件艰苦、情况复杂、矛盾突出的地方解决问题,千方百计为群众排忧解难。对一切搞劳民伤财的"形象工程"和"政绩工程"的行为,要严肃问责追责,依纪依法处理。

全会提出,民主集中制是党的根本组织原则,是党内政治生活正常开展的重要制度保障。坚持集体领导制度,实行集体领导和个人分工负责相结合,是民主集中制的重要组成部分,必须始终坚持,任何组织和个人在任何情况下都不允许以任何理由违反这项制度。各级党委(党组)必须坚持集体领导制度,领导班子成员必须增强全局观念和责任意识,党委(党组)主要负责同志必须发扬民主、善于集中、敢于担责,领导班子成员必须坚决执行党组织决定。

全会提出,党内民主是党的生命,是党内政治生活积极健康的重要基础。党内决策、执行、监督等工作必须执行党章党规确定的民主原则和程序,任何党组织和个人都不得压制党内民主、破坏党内民主。中央委员会、中央政治局、中央政治局常务委员会和党的各级委员会作出重大决策部署,必须深入开展调查研究,广泛听取各方面意见和建议。必须尊重党员主体地位、保障党员民主权利,落实党员知情权、参与权、选举权、监督权,保障全体党员平等享有党章规定的党员权利、履行党章规定的党员义务,坚持党内民主平等的同志关系,任何党组织和党员不得侵害党员民主权利。畅通党员参与讨论党内事务的途径,拓宽党员表达意见渠道,营造党内民主讨论的政治氛围。党员有权向党负责地揭发、检举党的任何组织和任何党员违纪违法的事实,提倡实名举报。

全会提出,坚持正确选人用人导向,是严肃党内政治生活的组织保证。选拔任用干部必须坚持德才兼备、以德为先,坚持五湖四海、任人唯贤,坚持信念坚定、为民服务、勤政务实、敢于担当、清正廉洁的好干部标准。党的各级组织必须自觉防范和纠正用人上的不正之风和种种偏向。党的各级组织要旗帜鲜明为敢于

8

担当的干部担当,为敢于负责的干部负责。坚决禁止跑官要官、买官卖官、拉票贿选等行为,坚决禁止向党伸手要职务、要名誉、要待遇行为,坚决禁止向党组织讨价还价、不服从组织决定的行为。任何人都不准把党的干部当作私有财产,党内不准搞人身依附关系。规范和纯洁党内同志交往,领导干部对党员不能颐指气使,党员对领导干部不能阿谀奉承。建立容错纠错机制,宽容干部在工作中特别是改革创新中的失误。

全会提出,党的组织生活是党内政治生活的重要内容和载体,是党组织对党员进行教育管理监督的重要形式。必须坚持党的组织生活各项制度,创新方式方法,增强党的组织生活活力。全体党员、干部特别是高级干部必须增强党的意识,时刻牢记自己第一身份是党员。要坚持"三会一课"制度,坚持民主生活会和组织生活会制度,坚持谈心谈话制度,坚持对党员进行民主评议。领导干部必须强化组织观念,工作中的重大问题和个人有关事项必须按规定按程序向组织请示报告。

全会提出,批评和自我批评是我们党强身治病、保持肌体健康的锐利武器,也是加强和规范党内政治生活的重要手段,必须坚持不懈把批评和自我批评这个武器用好。批评和自我批评必须坚持实事求是,讲党性不讲私情、讲真理不讲面子。党员、干部必须严于自我解剖,对发现的问题要深入剖析原因,认真整改。党的领导机关和领导干部对各种不同意见都必须听取,领导干部特别是高级干部必须带头从谏如流、敢于直言。

全会提出,监督是权力正确运行的根本保证,是加强和规范党内政治生活的重要举措。必须加强对领导干部的监督,党内不允许有不受制约的权力,也不允许有不受监督的特殊党员。要完善权力运行制约和监督机制,形成有权必有责、用权必担责、滥权必追责的制度安排。党的各级组织和领导干部必须在宪法法律范围内活动,决不能以言代法、以权压法、徇私枉法。对涉及违纪违法行为的举报,对党员反映的问题,任何党组织和领导干部都不准隐瞒不报、拖延不办。涉及所反映问题的领导干部应该回避,不准干预或插手组织调查。

全会提出,建设廉洁政治,坚决反对腐败,是加强和规范党内政治生活的重要任务。必须筑牢拒腐防变的思想防线和制度防线,着力构建不敢腐、不能腐、不想腐的体制机制。领导干部特别是高级干部必须带头践行社会主义核心价值观,讲修养、讲道德、讲诚信、讲廉耻。各级领导干部是人民公仆,没有搞特殊化的权利,要带头执行廉洁自律准则,自觉同特权思想和特权现象作斗争,注重家庭、家教、家风,教育管理好亲属和身边工作人员。禁止利用职权或影响力为家属亲友谋求特殊照顾,禁止领导干部家属亲友插手领导干部职权范围内的工作、插手人事安排。要坚持有腐必反、有贪必肃,坚持无禁区、全覆盖、零容忍,党内决不允许有腐败分子藏身之地。

全会强调,党内监督要以马克思列宁主义、毛泽东思想、邓小平理论、"三个代表"重要思想、科学发展观为指导,深入贯彻习近平总书记系列重要讲话精神,围绕统筹推进"五位一体"总体布局和协调推进"四个全面"战略布局,尊崇党章,依规治党,坚持党内监督和人民群众监督相结合,增强党在长期执政条件下自我净化、自我完善、自我革新、自我提高能力。

全会指出,党内监督没有禁区、没有例外。各级党组织应当把信任激励同严格监督结合起来,促使党的领导干部做到有权必有责、有责要担当、用权受监督、失责必追究。党内监督要贯彻民主集中制,依规依纪进行,强化自上而下的组织监督,改进自下而上的民主监督,发挥同级相互监督作用。

全会强调,党内监督的任务是确保党章党规党纪在全党有效执行,维护党的团结统一,重点解决党的领导弱化、党的建设缺失、全面从严治党不力,党的观念淡漠、组织涣散、纪律松弛,管党治党宽松软问题,保证党的组织充分履行职能、发挥核心作用,保证全体党员发挥先锋模范作用,保证党的领导干部忠诚干净担当。党内监督的主要内容是遵守党章党规和国家宪法法律,维护党中央集中统一领导,坚持民主集中制,落实全面从严治党责任,落实中央八项规定精神,坚持党的干部标准,廉洁自律、秉公用权,完成党中央和上级党组织部署的任务等情况。

全会指出,党内监督的重点对象是党的领导机关和领导干部特别是主要领导干部。要建立健全党中央统一领导,党委(党组)全面监督,纪律检查机关专责监督,党的工作部门职能监督,党的基层组织日常监督,党员民主监督的党内监督体系。

全会强调,党的中央委员会、中央政治局、中央政治局常务委员会全面领导党内监督工作。党委(党组)在党内监督中负主体责任,书记是第一责任人,党委常委会委员(党组成员)和党委委员在职责范围内

12

履行监督职责。党的各级纪律检查委员会要履行监督执纪问责职责。党的工作部门要加强职责范围内党内监督工作。党的基层组织要监督党员切实履行义务，维护和执行党的纪律。党员要积极行使党员权利，加强对党的领导干部的民主监督。

全会强调，各级党委应当支持和保证同级人大、政府、监察机关、司法机关等对国家机关及公职人员依法进行监督，人民政协依章程进行民主监督，审计机关依法进行审计监督。要支持民主党派履行监督职能，重视民主党派和无党派人士提出的意见、批评、建议。要认真对待、自觉接受社会监督。

全会强调，加强和规范党内政治生活、加强党内监督是全党的共同任务，必须全党一起动手。各级党委（党组）要全面履行领导责任，着力解决突出问题，把加强和规范党内政治生活、加强党内监督各项任务落到实处。

全会决定，中国共产党第十九次全国代表大会于2017年下半年在北京召开。全会认为，召开党的十九大是党和国家政治生活中的一件大事，全党要全面贯彻党的十八大和十八届三中、四中、五中、六中全会精神，团结带领全国各族人民，坚定信心，奋发进取，进一步做好党和国家各项工作,特别是要切实做好思想理论准备工作、组织准备工作、经济社会发展工作、意识形态工作,切实维护社会和谐稳定,以优异成绩迎接党的十九大召开。

全会按照党章规定,决定递补中央委员会候补委员赵宪庚、咸辉为中央委员会委员。

全会审议并通过了中共中央纪律检查委员会关于王珉、吕锡文严重违纪问题的审查报告,审议并通过了中共中央军事委员会关于范长秘、牛志忠严重违纪问题的审查报告,确认中央政治局之前作出的给予王珉、吕锡文、范长秘、牛志忠开除党籍的处分。

全会号召,全党同志紧密团结在以习近平同志为核心的党中央周围,全面深入贯彻本次全会精神,牢固树立政治意识、大局意识、核心意识、看齐意识,坚定不移维护党中央权威和党中央集中统一领导,继续推进全面从严治党,共同营造风清气正的政治生态,确保党团结带领人民不断开创中国特色社会主义事业新局面。

关于新形势下
党内政治生活的若干准则

（2016 年 10 月 27 日中国共产党第十八届
中央委员会第六次全体会议通过）

办好中国的事情，关键在党，关键在党要管党、从严治党。党要管党必须从党内政治生活管起，从严治党必须从党内政治生活严起。

开展严肃认真的党内政治生活，是我们党的优良传统和政治优势。在长期实践中，我们党坚持把开展严肃认真的党内政治生活作为党的建设重要任务来抓，形成了以实事求是、理论联系实际、密切联系群众、批评和自我批评、民主集中制、严明党的纪律等为主要内容的党内政治生活基本规范，为巩固党的团结和集中统一、保持党的先进性和纯洁性、增强党的生机活力积累了丰富经验，为保证完成党在各个历史时期中心任务发挥了重要作用。

一九八〇年,党的十一届五中全会深刻总结历史经验特别是"文化大革命"的教训,制定了《关于党内政治生活的若干准则》,为拨乱反正、恢复和健全党内政治生活、推进党的建设发挥了重要作用,其主要原则和规定今天依然适用,要继续坚持。

　　新形势下,党内政治生活状况总体是好的。同时,一个时期以来,党内政治生活中也出现了一些突出问题,主要是:在一些党员、干部包括高级干部中,理想信念不坚定、对党不忠诚、纪律松弛、脱离群众、独断专行、弄虚作假、庸懒无为,个人主义、分散主义、自由主义、好人主义、宗派主义、山头主义、拜金主义不同程度存在,形式主义、官僚主义、享乐主义和奢靡之风问题突出,任人唯亲、跑官要官、买官卖官、拉票贿选现象屡禁不止,滥用权力、贪污受贿、腐化堕落、违法乱纪等现象滋生蔓延。特别是高级干部中极少数人政治野心膨胀、权欲熏心,搞阳奉阴违、结党营私、团团伙伙、拉帮结派、谋取权位等政治阴谋活动。这些问题,严重侵蚀党的思想道德基础,严重破坏党的团结和集中统一,严重损害党内政治生态和党的形象,严重影响党和人民事业发展。这就要求我们必须继续以改革创新精神加强党的建设,加强和规范党内政治生活,全面提高党的建设科学化水平。

党的十八大以来,以习近平同志为核心的党中央身体力行、率先垂范,坚定推进全面从严治党,坚持思想建党和制度治党紧密结合,集中整饬党风,严厉惩治腐败,净化党内政治生态,党内政治生活展现新气象,赢得了党心民心,为开创党和国家事业新局面提供了重要保证。

历史经验表明,我们党作为马克思主义政党,必须旗帜鲜明讲政治,严肃认真开展党内政治生活。为更好进行具有许多新的历史特点的伟大斗争、推进党的建设新的伟大工程、推进中国特色社会主义伟大事业,经受"四大考验"、克服"四种危险",有必要制定一部新形势下党内政治生活的准则。

新形势下加强和规范党内政治生活,必须以党章为根本遵循,坚持党的政治路线、思想路线、组织路线、群众路线,着力增强党内政治生活的政治性、时代性、原则性、战斗性,着力增强党自我净化、自我完善、自我革新、自我提高能力,着力提高党的领导水平和执政水平、增强拒腐防变和抵御风险能力,着力维护党中央权威、保证党的团结统一、保持党的先进性和纯洁性,努力在全党形成又有集中又有民主、又有纪律又有自由、又有统一意志又有个人心情舒畅生动活泼的政治局面。

新形势下加强和规范党内政治生活,重点是各级领导机关和领导干部,关键是高级干部特别是中央委员会、中央政治局、中央政治局常务委员会的组成人员。高级干部特别是中央领导层组成人员必须以身作则,模范遵守党章党规,严守党的政治纪律和政治规矩,坚持不忘初心、继续前进,坚持率先垂范、以上率下,为全党全社会作出示范。

一、坚定理想信念

共产主义远大理想和中国特色社会主义共同理想,是中国共产党人的精神支柱和政治灵魂,也是保持党的团结统一的思想基础。必须高度重视思想政治建设,把坚定理想信念作为开展党内政治生活的首要任务。

理想信念动摇是最危险的动摇,理想信念滑坡是最危险的滑坡。全党同志必须把对马克思主义的信仰、对社会主义和共产主义的信念作为毕生追求,在改造客观世界的同时不断改造主观世界,解决好世界观、人生观、价值观这个"总开关"问题,不断增强政治定力,自觉成为共产主义远大理想和中国特色社会主义共同理想的坚定信仰者和忠实实践者;必须坚定对中国特色社会主义的道路自信、理论自信、制度自信、文化自信。领导干部特别是高级干部要以实际行动让党员和群众感受到理想信念的强大力量。

全体党员必须永远保持建党时中国共产党人的奋斗精神,把理想信念的坚定性体现在做好本职工作的过程中,自觉为推进中国特色社会主义事业而苦干实干,在胜利时和顺境中不骄傲不自满,在困难时和逆境中不消沉不动摇,经受住各种赞誉和诱惑考验,经受住各种风险和挑战考验,永葆共产党人政治本色。

坚定理想信念,必须加强学习。思想理论上的坚定清醒是政治上坚定的前提。全党必须毫不动摇坚持马克思主义指导思想,党的各级组织必须坚持不懈抓好理论武装,广大党员、干部特别是高级干部必须自觉抓好学习、增强党性修养。把马克思主义理论作为必修课,认真学习马克思列宁主义、毛泽东思想、邓小平理论、"三个代表"重要思想、科学发展观,认真学习习近平总书记系列重要讲话精神,认真学习党章党规,不断提高马克思主义思想觉悟和理论水平。系统掌握马克思主义基本原理,学会用马克思主义立场、观点、方法观察问题、分析问题、解决问题,特别是要聚焦现实问题,不断深化对共产党执政规律、社会主义建设规律、人类社会发展规律的认识。适应时代进步和事业发展要求,广泛学习经济、政治、文化、社会、生态文明以及哲学、历史、法律、科技、国防、国际等各方面知识,提高战略思维、创新思维、辩证思维、法治思维、底线思维能力,提高领导能力专业化水平。

坚持和创新党内学习制度。以党委(党组)中心组学习等制度为主要抓手,各级党组织要定期开展集体学习。党员、干部每年要完成规定的学习任务,领导干部要定期参加党校学习。坚持开展党内集中学习教育。各级党组织要加强督促检查,把学习情况作为领导班子和领导干部考核的重要内容。坚持中央领导同志作专题报告制度。健全党内重大思想理论问题分析研究和情况通报制度,强化互联网思想理论引导,把深层次思想理论问题讲清楚,帮助党员、干部站稳政治立场,分清是非界限,坚决抵制错误思想侵蚀。

二、坚持党的基本路线

党在社会主义初级阶段的基本路线是党和国家的

生命线、人民的幸福线,也是党内政治生活正常开展的根本保证。必须全面贯彻执行党的基本路线,把以经济建设为中心同坚持四项基本原则、坚持改革开放这两个基本点统一于中国特色社会主义伟大实践,任何时候都不能有丝毫偏离和动摇。

全党必须毫不动摇坚持以经济建设为中心,聚精会神抓好发展这个党执政兴国的第一要务,坚持以人民为中心的发展思想,统筹推进"五位一体"总体布局和协调推进"四个全面"战略布局,坚持创新、协调、绿色、开放、共享的发展理念,努力提高发展质量和效益,不断提高人民生活水平,为实现"两个一百年"奋斗目标、实现中华民族伟大复兴的中国梦打下坚实物质基础。

全党必须毫不动摇坚持四项基本原则,根本是坚持党的领导,坚持中国特色社会主义道路、中国特色社会主义理论体系、中国特色社会主义制度、中国特色社会主义文化,做到头脑清醒、立场坚定,矢志不移坚持和发展中国特色社会主义。

全党必须毫不动摇坚持改革开放,发挥群众首创精神,勇于自我革命,勇于推进理论创新、实践创新、制度创新、文化创新以及其他各方面创新,坚定不移实施对外开放基本国策,决不能安于现状、墨守成规。新形势下,党领导人民全面深化改革,是为了推动中国特色社会主义制度自我完善和发展,推进国家治理体系和治理能力现代化,既不走封闭僵化的老路、也不走改旗易帜的邪路。

全党必须把坚持党的思想路线贯穿于执行党的基本路线全过程,坚持解放思想、实事求是、与时俱进、求真务实,坚持理论联系实际,一切从实际出发,在实践中检验真理和发展真理,既反对各种否定马克思主义的错误倾向,又破除对马克思主义的教条式理解。坚持从我国仍处于并将长期处于社会主义初级阶段这个基本国情出发,不断研究新情况、总结新经验、解决新问题,不断推进马克思主义中国化。

全党必须坚决捍卫党的基本路线,对否定党的领导、否定我国社会主义制度、否定改革开放的言行,对歪曲、丑化、否定中国特色社会主义的言行,对歪曲、丑化、否定党的历史、中华人民共和国历史、人民军队历史的言行,对歪曲、丑化、否定党的领袖和英雄模范的言行,对一切违背、歪曲、否定党的基本路线的言行,必须旗帜鲜明反对和抵制。

考察识别干部特别是高级干部必须首先看是否坚定不移贯彻党的基本路线。党员、干部特别是高级干部在大是大非面前不能态度暧昧,不能动摇基本政治立场,不能被错误言论所左右。当人民利益受到损害、党和国家形象受到破坏、党的执政地位受到威胁时,要挺身而出、亮明态度,主动坚决开展斗争。对在大是大非问题上没有立场、没有态度、无动于衷、置身事外,在错误言行面前不抵制、不斗争,明哲保身、当老好人等政治不合格的坚决不用,已在领导岗位的要坚决调整,情节严重的要严肃处理。

三、坚决维护党中央权威

坚决维护党中央权威、保证全党令行禁止,是党和国家前途命运所系,是全国各族人民根本利益所在,也是加强和规范党内政治生活的重要目的。必须坚持党员个人服从党的组织,少数服从多数,下级组织服从上级组织,全党各个组织和全体党员服从党的全国代表大会和中央委员会,核心是全党各个组织和全体党员服从党的全国代表大会和中央委员会。

坚持党的领导,首先是坚持党中央的集中统一领导。一个国家、一个政党,领导核心至关重要。全党必须牢固树立政治意识、大局意识、核心意识、看齐意识,自觉在思想上政治上行动上同党中央保持高度一致。党的各级组织、全体党员特别是高级干部都要向党中央看齐，向党的理论和路线方针政策看齐，向党中央决策部署看齐，做到党中央提倡的坚决响应、党中央决定的坚决执行、党中央禁止的坚决不做。

涉及全党全国性的重大方针政策问题，只有党中央有权作出决定和解释。各部门各地方党组织和党员领导干部可以向党中央提出建议，但不得擅自作出决定和对外发表主张。对党中央作出的决议和制定的政策如有不同意见，在坚决执行的前提下，可以向党组织提出保留意见，也可以按组织程序把自己的意见向党的上级组织直至党中央提出。

全党必须自觉服从党中央领导。全国人大、国务院、全国政协，中央纪律检查委员会，最高人民法院、最高人民检察院，中央和国家机关各部门，人民军队，各人民团体，各地方，各企事业单位、社会组织，其党组织都要不折不扣执行党中央决策部署。

全党必须严格执行重大问题请示报告制度。全国人大常委会、国务院、全国政协，中央纪律检查委员会，最高人民法院、最高人民检察院，中央和国家机关各部门，各人民团体，各省、自治区、直辖市，其党组织要定

24

期向党中央报告工作。研究涉及全局的重大事项或作出重大决定要及时向党中央请示报告,执行党中央重要决定的情况要专题报告。遇有突发性重大问题和工作中重大问题要及时向党中央请示报告,情况紧急必须临机处置的,要尽职尽力做好工作,并迅速报告。

省、自治区、直辖市党委在党中央领导下开展工作,同级各个组织中的党组织和领导干部要自觉接受同级党委领导、向同级党委负责,重大事项和重要情况及时向同级党委请示报告。

全党必须自觉防止和反对个人主义、分散主义、自由主义、本位主义。对党中央决策部署,任何党组织和任何党员都不准合意的执行、不合意的不执行,不准先斩后奏,更不准口是心非、阳奉阴违。属于部门和地方职权范围内的工作部署,要以贯彻党中央决策部署为前提,发挥积极性、主动性、创造性,但决不允许自行其是、各自为政,决不允许有令不行、有禁不止,决不允许搞上有政策、下有对策。

四、严明党的政治纪律

纪律严明是全党统一意志、统一行动、步调一致前进的重要保障,是党内政治生活的重要内容。必须严明党的纪律,把纪律挺在前面,用铁的纪律从严治党。

坚持纪律面前一律平等,遵守纪律没有特权,执行纪律没有例外,党内决不允许存在不受纪律约束的特殊组织和特殊党员。每一个党员对党的纪律都要心存敬畏、严格遵守,任何时候任何情况下都不能违反党的纪律。党的各级组织和全体党员要坚决同一切违反党的纪律的行为作斗争。

政治纪律是党最根本、最重要的纪律,遵守党的政治纪律是遵守党的全部纪律的基础。全党特别是高级干部必须严格遵守党的政治纪律和政治规矩。党员不准散布违背党的理论和路线方针政策的言论,不准公开发表违背党中央决定的言论,不准泄露党和国家秘密,不准参与非法组织和非法活动,不准制造、传播政治谣言及丑化党和国家形象的言论。党员不准搞封建迷信,不准信仰宗教,不准参与邪教,不准纵容和支持宗教极端势力、民族分裂势力、暴力恐怖势力及其活动。

党员、干部特别是高级干部不准在党内搞小山头、小圈子、小团伙,严禁在党内拉私人关系、培植个人势力、结成利益集团。对那些投机取巧、拉帮结派、搞团

26

团伙伙的人,要严格防范,依纪依规处理。坚决防止野心家、阴谋家窃取党和国家权力。

党的各级组织和全体党员必须对党忠诚老实、光明磊落,说老实话、办老实事、做老实人,如实向党反映和报告情况,反对搞两面派、做"两面人",反对弄虚作假、虚报浮夸,反对隐瞒实情、报喜不报忧。领导机关和领导干部不准以任何理由和名义纵容、唆使、暗示或强迫下级说假话。凡因弄虚作假、隐瞒实情给党和人民事业造成重大损失的,凡因弄虚作假、隐瞒实情骗取荣誉、地位、奖励或其他利益的,凡因纵容、唆使、暗示或强迫下级弄虚作假、隐瞒实情的,都要依纪依规严肃问责追责。对坚持原则、敢于说真话的同志,要给予支持、保护、鼓励。

党内不准搞拉拉扯扯、吹吹拍拍、阿谀奉承。对领导人的宣传要实事求是,禁止吹捧,禁止给领导人祝寿、送礼、发致敬函电,禁止在领导干部国内考察工作时组织迎送、张贴标语、敲锣打鼓、铺红地毯、举行宴会等。

党的各级组织必须担负起执行和维护政治纪律和政治规矩的责任,对违反政治纪律的行为要坚决批评制止,不能听之任之。党的各级组织和纪律检查机关要加强纪律执行情况的监督和检查,坚决防止和纠正执行纪律宽松软的问题。

五、保持党同人民群众的血肉联系

人民立场是党的根本政治立场,人民群众是党的力量源泉。我们党来自人民,失去人民拥护和支持,党就会失去根基。必须把坚持全心全意为人民服务的根本宗旨、保持党同人民群众的血肉联系作为加强和规范党内政治生活的根本要求。

全党必须牢固树立人民群众是历史创造者的历史唯物主义观点,站稳群众立场,增进群众感情。党的各级组织、全体党员特别是各级领导机关和领导干部要贯彻党的群众路线,做到一切为了群众,一切依靠群众,从群众中来,到群众中去,为群众办实事、解难事,当好人民公仆。坚持问政于民、问需于民、问计于民,决不允许在群众面前自以为是、盛气凌人,决不允许当官做老爷、漠视群众疾苦,更不允许欺压群众、损害和侵占群众利益。改进和创新联系群众方法,建立和完善民意调查等制度,利用传统媒体和互联网等各种渠道了解社情民意,倾听群众呼声,密切党群干群关系,把对上负责和对下负责一致起来,着力实现好、维护好、发展好最广大人民根本利益。

全党必须坚决反对形式主义、官僚主义、享乐主义和奢靡之风,领导干部特别是高级干部要以身作则。反对形式主义,重在解决作风飘浮、工作不实,文山会海、表面文章,贪图虚名、弄虚作假等问题。反对官僚主义,重在解决脱离实际、脱离群众,消极应付、推诿扯皮,作风霸道、迷恋特权等问题。反对享乐主义,重在解决追名逐利、贪图享受,讲究排场、玩物丧志等问题。反对奢靡之风,重在解决铺张浪费、挥霍无度,骄奢淫逸、腐化堕落等问题。坚持抓常、抓细、抓长,特别是要防范和查处各种隐性、变异的"四风"问题,把落实中央八项规定精神常态化、长效化。

党的各级组织、全体党员特别是领导干部必须提高做群众工作能力,既服务群众又带领群众坚定不移贯彻落实党的理论和路线方针政策,把党的主张变为群众的自觉行动,引领群众听党话、跟党走。坚决反对命令主义,坚决反对"尾巴主义",不允许为了个人政绩、选票和形象脱离实际随意决策、随便许愿。

坚持领导干部调查研究、定期接待群众来访、同干部群众谈心、群众满意度测评等制度。各级领导干部必须深入实际、深入基层、深入群众,多到条件艰苦、情况复杂、矛盾突出的地方解决问题,千方百计为群众排忧解难。领导干部下基层要接地气,轻车简从,了解实情,督查落实,解决问题,坚决反对作秀、哗众取宠。对一切搞劳民伤财的"形象工程"和"政绩工程"的行为,要严肃问责追责,依纪依法处理。在应对重大安全事件、重大突发事件、重大自然灾害事件等事件中,领导干部必须深入一线、靠前指挥,及时协调解决突出问题,及时回应社会关切。

党员、干部必须顾全大局,自觉维护社会和谐稳定,遇到涉及自身利益和局部利益的问题应该通过正常渠道向上级反映,积极主动做好化解社会矛盾、防控社会风险工作,不准组织、参与、纵容扰乱社会秩序的非法活动。

六、坚持民主集中制原则

民主集中制是党的根本组织原则,是党内政治生活正常开展的重要制度保障。坚持集体领导制度,实行集体领导和个人分工负责相结合,是民主集中制的重要组成部分,必须始终坚持,任何组织和个人在任何情况下都不允许以任何理由违反这项制度。

各级党委（党组）必须坚持集体领导制度。凡属重大问题，要按照集体领导、民主集中、个别酝酿、会议决定的原则，由集体讨论、按少数服从多数作出决定，不允许用其他形式取代党委及其常委会（或党组）的领导。落实党委常委会（或党组）议事规则和决策程序，健全常委会向全委会定期报告工作并接受监督制度，坚决反对和防止独断专行或各自为政，坚决反对和防止议而不决、决而不行、行而不实，坚决反对和防止以党委集体决策名义集体违规。各级党委（党组）要善于观大势、抓大事、管全局，及时发现和解决矛盾和难题，不上推下卸，不留后遗症。建立上级组织在作出同下级组织有关重要决策前征求下级组织意见的制度。

领导班子成员必须增强全局观念和责任意识，在研究工作时充分发表意见，决策形成后一抓到底，不得违背集体决定自作主张、自行其是。坚决反对和纠正当面不说、背后乱说，会上不说、会后乱说，当面一套、背后一套等错误言行。坚持讲原则、讲规矩，共同维护坚持党性原则基础上的团结。

党委（党组）主要负责同志必须发扬民主、善于集中、敢于担责。在研究讨论问题时要把自己当成班子中平等的一员，充分发扬民主，严格按程序决策、按规矩办事，注意听取不同意见，正确对待少数人意见，不能搞一言堂甚至家长制。支持班子成员在职责范围内独立负责开展工作，坚决防止和克服名为集体领导、实际上个人或少数人说了算，坚决防止和克服名为集体负责、实际上无人负责。

领导班子成员必须坚决执行党组织决定，如有不同意见，可以保留或向上一级党组织提出，但在上级或本级党组织改变决定以前，除执行决定会立即引起严重后果等紧急情况外，必须无条件执行已作出的决定。

领导班子成员分工按规定向上级党委报备，无正当理由、未向上级党委报备不得调整。领导干部要自觉服从组织分工安排，任何人都不能向组织讨价还价、不服从组织安排。领导干部不准把分管工作、分管领域和地方当作"私人领地"，不准搞独断专行。

在党的工作和活动中，该以组织名义出面不能以个人名义出面，该由集体研究不能个人擅自表态，不允许用个人主张代替党组织的主张、用个人决定代替党组织的决定。

七、发扬党内民主和
保障党员权利

党内民主是党的生命，是党内政治生活积极健康的重要基础。要坚持和完善党内民主各项制度，提高党内民主质量，党内决策、执行、监督等工作必须执行党章党规确定的民主原则和程序，任何党组织和个人都不得压制党内民主、破坏党内民主。

中央委员会、中央政治局、中央政治局常务委员会和党的各级委员会作出重大决策部署，必须深入开展调查研究，广泛听取各方面意见和建议，凝聚智慧和力量，做到科学决策、民主决策、依法决策。

必须尊重党员主体地位、保障党员民主权利，落实党员知情权、参与权、选举权、监督权，保障全体党员平等享有党章规定的党员权利、履行党章规定的党员义务，坚持党内民主平等的同志关系，党内一律称同志。任何党组织和党员不得侵害党员民主权利。

畅通党员参与讨论党内事务的途径，拓宽党员表达意见渠道，营造党内民主讨论的政治氛围。健全党内重大决策论证评估和征求意见等制度。党的各级组织对重大决策和重大问题应该采取多种方式征求党员意见,党员有权在党的会议上发表不同意见,对党的决议和政策如有不同意见,在坚决执行的前提下,可以声明保留,并且可以把自己的意见向党的上级组织直至党中央提出。推进党务公开,发展和用好党务公开新形式,使党员更好了解和参与党内事务。

党内选举必须体现选举人意志,规范和完善选举制度规则。党的任何组织和个人不得以任何方式妨碍选举人依照规定自主行使选举权,坚决反对和防止侵犯党员选举权和被选举权的现象,坚决防止和查处拉票贿选等行为。

坚持党的代表大会制度。未经批准不得提前或延期召开党的代表大会。落实党代表大会代表任期制,实行代表提案制,健全代表参与重大决策、参加重要干部推荐和民主评议、列席党委有关会议、联系党员群众等制度。更好发挥党的地方各级委员会及委员作用。健全党内情况通报制度、情况反映制度,畅通党员表达意见、要求撤换不称职基层党组织领导班子成员的渠道。按期进行党的基层委员会、总支部和支部委员会换届。

党员有权向党负责地揭发、检举党的任何组织和任何党员违纪违法的事实,提倡实名举报。党员有权在党的会议上有根据地批评党的任何组织和任何党员。党组织既要严肃处理对举报者的歧视、刁难、压制行为特别是打击报复行为,又要严肃追查处理诬告陷害行为。对受到诽谤、诬告、严重失实举报的党员,党组织要及时为其澄清和正名。要保障党员申辩、申诉等权利。对执纪中的过错或违纪行为,要依规及时纠正、消除影响并追究有关组织和人员的责任。

八、坚持正确选人用人导向

坚持正确选人用人导向,是严肃党内政治生活的组织保证。必须严格标准、健全制度、完善政策、规范程序,使选出来的干部组织放心、群众满意、干部服气。

选拔任用干部必须坚持党章规定的干部条件,坚持德才兼备、以德为先,坚持五湖四海、任人唯贤,坚持信念坚定、为民服务、勤政务实、敢于担当、清正廉洁的好干部标准。把公道正派作为干部工作核心理念贯穿选人用人全过程,做到公道对待干部、公平评价干部、公正使用干部。

选人用人必须强化党组织的领导和把关作用,落实干部选拔任用工作纪实制度,确保每个环节都规范操作。组织部门要严格按政策、原则、制度办事,实事求是考察评价干部,敢于为干部说公道话,敢于抵制选人用人中的违规行为,形成能者上、庸者下、劣者汰的选人用人导向。加强选人用人监督问责,对用人失察失误的严肃追究责任。

党的各级组织必须自觉防范和纠正用人上的不正之风和种种偏向。坚决禁止跑官要官、买官卖官、拉票贿选等行为,坚决禁止向党伸手要职务、要名誉、要待遇行为,坚决禁止向党组织讨价还价、不服从组织决定的行为。坚决纠正唯票、唯分、唯生产总值、唯年龄等取人偏向,坚决克服由少数人在少数人中选人的倾向。领导干部要带头执行党的干部政策,不准任人唯亲、搞亲亲疏疏,不准封官许愿、跑风漏气、收买人心,不准个人为干部提拔任用打招呼、递条子。领导干部不得干预曾经工作生活过的地方、曾经工作过的单位和不属于自己分管领域的干部选拔任用工作,有关地方和单位党组织要抵制这种违反党的组织原则的行为。

任何人都不准把党的干部当作私有财产,党内不准搞人身依附关系。领导干部特别是高级干部不能搞家长制,要求别人唯命是从,特别是不能要求下级办违

36

反党纪国法的事情;下级应该抵制上级领导干部的这种要求并向更上级党组织直至党中央报告,不应该对上级领导干部无原则服从。规范和纯洁党内同志交往,领导干部对党员不能颐指气使,党员对领导干部不能阿谀奉承。

干部是党的宝贵财富,必须既严格教育、严格管理、严格监督,又在政治上、思想上、工作上、生活上真诚关爱,鼓励干部干事创业、大胆作为。

建立容错纠错机制,宽容干部在工作中特别是改革创新中的失误。坚持惩前毖后、治病救人,正确对待犯错误的干部,帮助其认识和改正错误。不得混淆干部所犯错误性质或夸大错误程度对干部作出不适当的处理,不得利用干部所犯错误泄私愤、打击报复。

党的各级组织和领导干部必须牢记空谈误国、实干兴邦,践行正确政绩观,发扬钉钉子精神,力戒空谈,察实情、出实招、办实事、求实效,做到守土尽责。各级领导干部要无私无畏,做到面对矛盾敢于迎难而上,面对危险敢于挺身而出,面对失误敢于承担责任。党的各级组织要旗帜鲜明为敢于担当的干部担当,为敢于负责的干部负责。对不担当、不作为、敷衍塞责的干部要严肃批评,必要时给予组织处理或党纪处分;对失职渎职的要严肃问责,造成严重后果的要严肃追责,依纪依法处理。

九、严格党的组织生活制度

党的组织生活是党内政治生活的重要内容和载体,是党组织对党员进行教育管理监督的重要形式。必须坚持党的组织生活各项制度,创新方式方法,增强党的组织生活活力。

全体党员、干部特别是高级干部必须增强党的意识,时刻牢记自己第一身份是党员。任何党员都不能游离于党的组织之外,更不能凌驾于党的组织之上。每个党员无论职务高低,都要参加党的组织生活。党组织要严格执行组织生活制度,确保党的组织生活经常、认真、严肃。

坚持"三会一课"制度。党员必须参加党员大会、党小组会和上党课,党支部要定期召开支部委员会会议。"三会一课"要突出政治学习和教育,突出党性锻炼,坚决防止表面化、形式化、娱乐化、庸俗化。领导干部要以普通党员身份参加所在党支部或党小组的组织生活,坚持党员领导干部讲党课制度。每个党员都要按规定自觉交纳党费,党费使用和管理要公开透明。

坚持民主生活会和组织生活会制度。会前要广泛听取意见、深入谈心交心,会上要认真查摆问题、深刻剖析根源、明确整改方向,会后要逐一整改落实。上级党组织领导班子成员定期、随机参加下级党组织领导班子民主生活会和组织生活会,发现问题及时纠正。中央政治局带头开好民主生活会。

坚持谈心谈话制度。党组织领导班子成员之间、班子成员和党员之间、党员和党员之间要开展经常性的谈心谈话,坦诚相见,交流思想,交换意见。领导干部要带头谈,也要接受党员、干部约谈。

坚持对党员进行民主评议。督促党员对照党章规定的党员标准、对照入党誓词、联系个人实际进行党性分析,强化党员意识、增强党的观念、提高党性修养。对党性不强的党员,及时进行批评教育,限期改正;经教育仍无转变的,应劝其退党或除名。

领导干部必须强化组织观念,工作中重大问题和个人有关事项必须按规定按程序向组织请示报告,离开岗位或工作所在地要事先向组织请示报告。对无正当理由不按时报告、不如实报告或隐瞒不报的,要严肃处理。

十、开展批评和自我批评

批评和自我批评是我们党强身治病、保持肌体健康的锐利武器,也是加强和规范党内政治生活的重要手段。必须坚持不懈把批评和自我批评这个武器用好。

批评和自我批评必须坚持实事求是,讲党性不讲私情、讲真理不讲面子,坚持"团结——批评——团结",按照"照镜子、正衣冠、洗洗澡、治治病"的要求,严肃认真提意见,满腔热情帮同志,决不能把自我批评变成自我表扬、把相互批评变成相互吹捧。

党员、干部必须严于自我解剖,对发现的问题要深入剖析原因,认真整改。对待批评要有则改之、无则加勉,不能搞无原则的纷争。

批评必须出于公心,不主观武断,不发泄私愤。坚决反对事不关己、高高挂起,明知不对、少说为佳的庸俗哲学和好人主义,坚决克服文过饰非、知错不改等错误倾向。

党的领导机关和领导干部对各种不同意见都必须听取,鼓励下级反映真实情况。党内工作会议的报告、讲话以及各类工作总结,上级机关和领导干部检查指导工作,既要讲成绩和经验,又要讲问题和不足;既要注重解决问题,又要从问题中反思自身工作和领导责任。

领导干部特别是高级干部必须带头从谏如流、敢于直言,以批评和自我批评的示范行动引导党员、干部打消自我批评怕丢面子、批评上级怕穿小鞋、批评同级怕伤和气、批评下级怕丢选票等思想顾虑。把发现和解决自身问题的能力作为考核评价领导班子的重要依据。

十一、加强对权力运行的
制约和监督

监督是权力正确运行的根本保证,是加强和规范党内政治生活的重要举措。必须加强对领导干部的监督,党内不允许有不受制约的权力,也不允许有不受监督的特殊党员。

完善权力运行制约和监督机制,形成有权必有责、用权必担责、滥权必追责的制度安排。实行权力清单制度,公开权力运行过程和结果,健全不当用权问责机制,把权力关进制度笼子,让权力在阳光下运行。

党的各级组织和领导干部必须在宪法法律范围内活动,增强法治意识、弘扬法治精神,自觉按法定权限、规则、程序办事,决不能以言代法、以权压法、徇私枉法,决不能违规干预司法。

营造党内民主监督环境,畅通党内民主监督渠道。党的各级组织和全体党员要增强监督意识,既履行监督责任,又接受各方面监督。

党内监督必须突出党的领导机关和领导干部特别是主要领导干部。领导干部要正确对待监督,主动接受监督,习惯在监督下开展工作,决不能拒绝监督、逃避监督。

领导干部特别是高级干部必须加强自律、慎独慎微,自觉检查和及时纠正在行使权力、廉政勤政方面存在的问题,做到可以行使的权力按规则正确行使,该由上级组织行使的权力下级组织不能行使,该由领导班子集体行使的权力班子成员个人不能擅自行使,不该由自己行使的权力决不能行使。

对涉及违纪违法行为的举报,对党员反映的问题,任何党组织和领导干部都不准隐瞒不报、拖延不办。涉及所反映问题的领导干部应该回避,不准干预或插手组织调查。

党员、干部反映他人的问题，应该出于党性，通过党内正常渠道实名进行，不准散布小道消息，不准散发匿名信，不准诬告陷害等。对通过正常渠道反映问题的党员，任何组织和个人都不准打击报复，不准擅自进行追查，不准采取调离工作岗位、降格使用等惩罚措施。

坚持授权者要负责监督，发现问题要及时处置。强化上级组织对下级组织特别是主要领导干部行使权力的监督，防止权力失控和滥用。

对党组织和党员、干部行使权力进行监督，必须依纪依法进行。纪检监察、司法机关严格依纪依法按程序对涉嫌严重违纪违法行为进行调查。任何组织和个人不得自行决定或受指使对党员、干部采取非法调查手段。对违反规定的，要严肃追究纪律和法律责任。

十二、保持清正廉洁的政治本色

建设廉洁政治，坚决反对腐败，是加强和规范党内政治生活的重要任务。必须筑牢拒腐防变的思想防线和制度防线，着力构建不敢腐、不能腐、不想腐的体制机制,保持党的肌体健康和队伍纯洁。

各级领导干部必须严以修身、严以用权、严以律己,谋事要实、创业要实、做人要实,经得起权力、金钱、美色考验,用党和人民赋予的权力为人民服务。

领导干部特别是高级干部必须带头践行社会主义核心价值观,继承和发扬党的优良传统和作风,弘扬中华民族传统美德,讲修养、讲道德、讲诚信、讲廉耻,养成共产党人的高风亮节,自觉远离低级趣味。

各级领导干部是人民公仆,没有搞特殊化的权利。中央政治局要带头执行中央八项规定。各级领导干部特别是高级干部要坚持立党为公、执政为民,坚持公私分明、先公后私、克己奉公,带头保持谦虚、谨慎、不骄、不躁的作风,保持艰苦奋斗的作风,带头执行廉洁自律准则,自觉同特权思想和特权现象作斗争,不准利用权力为自己和他人谋取私利,禁止违反财经制度批钱批物批项目,禁止用各种借口或巧立名目侵占、挥霍国家和集体财物,禁止违反规定提高干部待遇标准。

领导干部特别是高级干部必须注重家庭、家教、家风,教育管理好亲属和身边工作人员。严格执行领导干部个人有关事项报告制度,进一步规范领导干部配偶子女从业行为。禁止利用职权或影响力为家属亲友

44

谋求特殊照顾,禁止领导干部家属亲友插手领导干部职权范围内的工作、插手人事安排。各级领导班子和领导干部对来自领导干部家属亲友的违规干预行为要坚决抵制,并将有关情况报告党组织。

全体党员、干部特别是高级干部必须拒腐蚀、永不沾,坚决同消极腐败现象作斗争,坚决抵制潜规则,自觉净化社交圈、生活圈、朋友圈,决不能把商品交换那一套搬到党内政治生活和工作中来。党的各级组织要担负起反腐倡廉政治责任,坚持有腐必反、有贪必肃,坚持"老虎"、"苍蝇"一起打,坚持无禁区、全覆盖、零容忍,党内决不允许有腐败分子藏身之地。

加强和规范党内政治生活是全党的共同任务,必须全党一起动手。各级党委(党组)要全面履行加强和规范党内政治生活的领导责任,着力解决突出问题,建立健全党内政治生活制度体系,把加强和规范党内政治生活各项任务落到实处。深入开展党内政治生活准则宣传教育,把党内政治生活准则列为党员、干部教育培训的必修内容。

落实党委主体责任和纪委监督责任,强化责任追究。党委(党组)主要负责人要认真履行第一责任人责任。党的各级组织要强化对党内政治生活准则落实情况的督促检查,建立健全问责机制,上级党组织要加强对下级党组织的指导监督检查,各级组织部门和机关党组织要加强日常管理,各级纪律检查机关要严肃查处违反党内政治生活准则的各种行为。

加强和规范党内政治生活,要从中央委员会、中央政治局、中央政治局常务委员会做起。高级干部要清醒认识自己岗位对党和国家的特殊重要性,职位越高越要自觉按照党提出的标准严格要求自己,越要做到党性坚强、党纪严明,做到对党始终忠诚、永不叛党。制定高级干部贯彻落实本准则的实施意见,指导和督促高级干部在遵守和执行党内政治生活准则上作全党表率。

全面从严治党永远在路上。全党要坚持不懈努力,共同营造风清气正的政治生态,确保党始终成为中国特色社会主义事业的坚强领导核心。

中国共产党党内监督条例

（2016 年 10 月 27 日中国共产党第十八届
中央委员会第六次全体会议通过）

第一章　总　　则

　　第一条　为坚持党的领导，加强党的建设，全面从严治党，强化党内监督，保持党的先进性和纯洁性，根据《中国共产党章程》，制定本条例。

　　第二条　党内监督以马克思列宁主义、毛泽东思想、邓小平理论、"三个代表"重要思想、科学发展观为指导，深入贯彻习近平总书记系列重要讲话精神，围绕统筹推进"五位一体"总体布局和协调推进"四个全面"战略布局，尊崇党章，依规治党，坚持党内监督和人民群众监督相结合，增强党在长期执政条件下自我净化、自我完善、自我革新、自我提高能力，确保党始终成为中国特色社会主义事业的坚强领导核心。

第三条　党内监督没有禁区、没有例外。信任不能代替监督。各级党组织应当把信任激励同严格监督结合起来,促使党的领导干部做到有权必有责、有责要担当,用权受监督、失责必追究。

第四条　党内监督必须贯彻民主集中制,依规依纪进行,强化自上而下的组织监督,改进自下而上的民主监督,发挥同级相互监督作用。坚持惩前毖后、治病救人,抓早抓小、防微杜渐。

第五条　党内监督的任务是确保党章党规党纪在全党有效执行,维护党的团结统一,重点解决党的领导弱化、党的建设缺失、全面从严治党不力,党的观念淡漠、组织涣散、纪律松弛,管党治党宽松软问题,保证党的组织充分履行职能、发挥核心作用,保证全体党员发挥先锋模范作用,保证党的领导干部忠诚干净担当。

党内监督的主要内容是:

(一)遵守党章党规,坚定理想信念,践行党的宗旨,模范遵守宪法法律情况;

(二)维护党中央集中统一领导,牢固树立政治意识、大局意识、核心意识、看齐意识,贯彻落实党的理论和路线方针政策,确保全党令行禁止情况;

(三)坚持民主集中制,严肃党内政治生活,贯彻党员个人服从党的组织,少数服从多数,下级组织服从上级组织,全党各个组织和全体党员服从党的全国代表大会和中央委员会原则情况;

(四)落实全面从严治党责任,严明党的纪律特别是政治纪律和政治规矩,推进党风廉政建设和反腐败工作情况;

(五)落实中央八项规定精神,加强作风建设,密切联系群众,巩固党的执政基础情况;

(六)坚持党的干部标准,树立正确选人用人导向,执行干部选拔任用工作规定情况;

(七)廉洁自律、秉公用权情况;

(八)完成党中央和上级党组织部署的任务情况。

第六条 党内监督的重点对象是党的领导机关和领导干部特别是主要领导干部。

第七条 党内监督必须把纪律挺在前面,运用监督执纪"四种形态",经常开展批评和自我批评、约谈函询,让"红红脸、出出汗"成为常态;党纪轻处分、组织调整成为违纪处理的大多数;党纪重处分、重大职务调整的成为少数;严重违纪涉嫌违法立案审查的成为极少数。

第八条 党的领导干部应当强化自我约束,经常对照党章检查自己的言行,自觉遵守党内政治生活准则、廉洁自律准则,加强党性修养,陶冶道德情操,永葆共产党人政治本色。

第九条 建立健全党中央统一领导,党委(党组)全面监督,纪律检查机关专责监督,党的工作部门职能监督,党的基层组织日常监督,党员民主监督的党内监督体系。

第二章 党的中央组织的监督

第十条 党的中央委员会、中央政治局、中央政治局常务委员会全面领导党内监督工作。中央委员会全体会议每年听取中央政治局工作报告,监督中央政治局工作,部署加强党内监督的重大任务。

第十一条 中央政治局、中央政治局常务委员会定期研究部署在全党开展学习教育,以整风精神查找问题、纠正偏差;听取和审议全党落实中央八项规定精神情况汇报,加强作风建设情况监督检查;听取中央纪律检查委员会常务委员会工作汇报;听取中央巡视情况汇报,在一届任期内实现中央巡视全覆盖。中央政治局每年召开民主生活会,进行对照检查和党性分析,研究加强自身建设措施。

第十二条　中央委员会成员必须严格遵守党的政治纪律和政治规矩，发现其他成员有违反党章、破坏党的纪律、危害党的团结统一的行为应当坚决抵制，并及时向党中央报告。对中央政治局委员的意见，署真实姓名以书面形式或者其他形式向中央政治局常务委员会或者中央纪律检查委员会常务委员会反映。

第十三条　中央政治局委员应当加强对直接分管部门、地方、领域党组织和领导班子成员的监督，定期同有关地方和部门主要负责人就其履行全面从严治党责任、廉洁自律等情况进行谈话。

第十四条　中央政治局委员应当严格执行中央八项规定，自觉参加双重组织生活，如实向党中央报告个人重要事项。带头树立良好家风，加强对亲属和身边工作人员的教育和约束，严格要求配偶、子女及其配偶不得违规经商办企业，不得违规任职、兼职取酬。

第三章　党委(党组)的监督

第十五条　党委(党组)在党内监督中负主体责任，书记是第一责任人，党委常委会委员(党组成员)

和党委委员在职责范围内履行监督职责。党委（党组）履行以下监督职责：

（一）领导本地区本部门本单位党内监督工作，组织实施各项监督制度，抓好督促检查；

（二）加强对同级纪委和所辖范围内纪律检查工作的领导，检查其监督执纪问责工作情况；

（三）对党委常委会委员（党组成员）、党委委员，同级纪委、党的工作部门和直接领导的党组织领导班子及其成员进行监督；

（四）对上级党委、纪委工作提出意见和建议，开展监督。

第十六条　党的工作部门应当严格执行各项监督制度，加强职责范围内党内监督工作，既加强对本部门本单位的内部监督，又强化对本系统的日常监督。

第十七条　党内监督必须加强对党组织主要负责人和关键岗位领导干部的监督，重点监督其政治立场、加强党的建设、从严治党，执行党的决议，公道正派选人用人，责任担当、廉洁自律，落实意识形态工作责任制情况。

上级党组织特别是其主要负责人，对下级党组织主要负责人应当平时多过问、多提醒，发现问题及时纠正。领导班子成员发现班子主要负责人存在问题,应当及时向其提出,必要时可以直接向上级党组织报告。

党组织主要负责人个人有关事项应当在党内一定范围公开,主动接受监督。

第十八条 党委(党组)应当加强对领导干部的日常管理监督,掌握其思想、工作、作风、生活状况。党的领导干部应当经常开展批评和自我批评,敢于正视、深刻剖析、主动改正自己的缺点错误;对同志的缺点错误应当敢于指出,帮助改进。

第十九条 巡视是党内监督的重要方式。中央和省、自治区、直辖市党委一届任期内,对所管理的地方、部门、企事业单位党组织全面巡视。巡视党的组织和党的领导干部尊崇党章、党的领导、党的建设和党的路线方针政策落实情况,履行全面从严治党责任、执行党的纪律、落实中央八项规定精神、党风廉政建设和反腐败工作以及选人用人情况。发现问题、形成震慑,推动改革、促进发展,发挥从严治党利剑作用。

中央巡视工作领导小组应当加强对省、自治区、直辖市党委,中央有关部委,中央国家机关部门党组(党委)巡视工作的领导。省、自治区、直辖市党委应当推动党的市(地、州、盟)和县(市、区、旗)委员会建立巡察制度,使从严治党向基层延伸。

第二十条 严格党的组织生活制度,民主生活会应当经常化,遇到重要或者普遍性问题应当及时召开。民主生活会重在解决突出问题,领导干部应当在会上把群众反映、巡视反馈、组织约谈函询的问题说清楚、谈透彻,开展批评和自我批评,提出整改措施,接受组织监督。上级党组织应当加强对下级领导班子民主生活会的指导和监督,提高民主生活会质量。

第二十一条 坚持党内谈话制度,认真开展提醒谈话、诫勉谈话。发现领导干部有思想、作风、纪律等方面苗头性、倾向性问题的,有关党组织负责人应当及时对其提醒谈话;发现轻微违纪问题的,上级党组织负责人应当对其诫勉谈话,并由本人作出说明或者检讨,经所在党组织主要负责人签字后报上级纪委和组织部门。

第二十二条 严格执行干部考察考核制度,全面考察德、能、勤、绩、廉表现,既重政绩又重政德,重点考察贯彻执行党中央和上级党组织决策部署的表现,履行管党治党责任,在重大原则问题上的立场,对待人民群众的态度,完成急难险重任务的情况。考察考核中党组织主要负责人应当对班子成员实事求是作出评价。考核评语在同本人见面后载入干部档案。落实党组织主要负责人在干部选任、考察、决策等各个环节的责任,对失察失责的应当严肃追究责任。

第二十三条　党的领导干部应当每年在党委常委会(或党组)扩大会议上述责述廉,接受评议。述责述廉重点是执行政治纪律和政治规矩、履行管党治党责任、推进党风廉政建设和反腐败工作以及执行廉洁纪律情况。述责述廉报告应当载入廉洁档案,并在一定范围内公开。

第二十四条　坚持和完善领导干部个人有关事项报告制度,领导干部应当按规定如实报告个人有关事项,及时报告个人及家庭重大情况,事先请示报告离开岗位或者工作所在地等。有关部门应当加强抽查核实。对故意虚报瞒报个人重大事项、篡改伪造个人档案资料的,一律严肃查处。

第二十五条　建立健全党的领导干部插手干预重大事项记录制度,发现利用职务便利违规干预干部选拔任用、工程建设、执纪执法、司法活动等问题,应当及时向上级党组织报告。

第四章　党的纪律检查
委员会的监督

第二十六条　党的各级纪律检查委员会是党内监督的专责机关,履行监督执纪问责职责,加强对所辖范围内党组织和领导干部遵守党章党规党纪、贯彻执行党的路线方针政策情况的监督检查,承担下列具体任务:

(一)加强对同级党委特别是常委会委员、党的工作部门和直接领导的党组织、党的领导干部履行职责、行使权力情况的监督;

(二)落实纪律检查工作双重领导体制,执纪审查工作以上级纪委领导为主,线索处置和执纪审查情况在向同级党委报告的同时向上级纪委报告,各级纪委书记、副书记的提名和考察以上级纪委会同组织部门为主;

(三)强化上级纪委对下级纪委的领导,纪委发现同级党委主要领导干部的问题,可以直接向上级纪委报告;下级纪委至少每半年向上级纪委报告1次工作,每年向上级纪委进行述职。

第二十七条　纪律检查机关必须把维护党的政治纪律和政治规矩放在首位,坚决纠正和查处上有政策、下有对策,有令不行、有禁不止,口是心非、阳奉阴违,搞团团伙伙、拉帮结派,欺骗组织、对抗组织等行为。

第二十八条　纪委派驻纪检组对派出机关负责,加强对被监督单位领导班子及其成员、其他领导干部的监督,发现问题应当及时向派出机关和被监督单位党组织报告,认真负责调查处置,对需要问责的提出建议。

派出机关应当加强对派驻纪检组工作的领导,定期约谈被监督单位党组织主要负责人、派驻纪检组组长,督促其落实管党治党责任。

派驻纪检组应当带着实际情况和具体问题,定期向派出机关汇报工作,至少每半年会同被监督单位党组织专题研究1次党风廉政建设和反腐败工作。对能发现的问题没有发现是失职,发现问题不报告、不处置是渎职,都必须严肃问责。

第二十九条　认真处理信访举报,做好问题线索分类处置,早发现早报告,对社会反映突出、群众评价较差的领导干部情况及时报告,对重要检举事项应当集体研究。定期分析研判信访举报情况,对信访反映的典型性、普遍性问题提出有针对性的处置意见,督促信访举报比较集中的地方和部门查找分析原因并认真整改。

第三十条 严把干部选拔任用"党风廉洁意见回复"关,综合日常工作中掌握的情况,加强分析研判,实事求是评价干部廉洁情况,防止"带病提拔"、"带病上岗"。

第三十一条 接到对干部一般性违纪问题的反映,应当及时找本人核实,谈话提醒、约谈函询,让干部把问题讲清楚。约谈被反映人,可以与其所在党组织主要负责人一同进行;被反映人对函询问题的说明,应当由其所在党组织主要负责人签字后报上级纪委。谈话记录和函询回复应当认真核实,存档备查。没有发现问题的应当了结澄清,对不如实说明情况的给予严肃处理。

第三十二条 依规依纪进行执纪审查,重点审查不收敛不收手,问题线索反映集中、群众反映强烈,现在重要岗位且可能还要提拔使用的领导干部,三类情况同时具备的是重中之重。执纪审查应当查清违纪事实,让审查对象从学习党章入手,从理想信念宗旨、党性原则、作风纪律等方面检查剖析自己,审理报告应当事实清楚、定性准确,反映审查对象思想认识情况。

第三十三条　对违反中央八项规定精神的,严重违纪被立案审查开除党籍的,严重失职失责被问责的,以及发生在群众身边、影响恶劣的不正之风和腐败问题,应当点名道姓通报曝光。

第三十四条　加强对纪律检查机关的监督。发现纪律检查机关及其工作人员有违反纪律问题的,必须严肃处理。各级纪律检查机关必须加强自身建设,健全内控机制,自觉接受党内监督、社会监督、群众监督,确保权力受到严格约束。

第五章　党的基层组织和党员的监督

第三十五条　党的基层组织应当发挥战斗堡垒作用,履行下列监督职责:

(一)严格党的组织生活,开展批评和自我批评,监督党员切实履行义务,保障党员权利不受侵犯;

(二)了解党员、群众对党的工作和党的领导干部的批评和意见,定期向上级党组织反映情况,提出意见和建议;

（三）维护和执行党的纪律，发现党员、干部违反纪律问题及时教育或者处理，问题严重的应当向上级党组织报告。

第三十六条　党员应当本着对党和人民事业高度负责的态度，积极行使党员权利，履行下列监督义务：

（一）加强对党的领导干部的民主监督，及时向党组织反映群众意见和诉求；

（二）在党的会议上有根据地批评党的任何组织和任何党员，揭露和纠正工作中存在的缺点和问题；

（三）参加党组织开展的评议领导干部活动，勇于触及矛盾问题、指出缺点错误，对错误言行敢于较真、敢于斗争；

（四）向党负责地揭发、检举党的任何组织和任何党员违纪违法的事实，坚决反对一切派别活动和小集团活动，同腐败现象作坚决斗争。

第六章　党内监督和外部 监督相结合

第三十七条　各级党委应当支持和保证同级人大、政府、监察机关、司法机关等对国家机关及公职人员依法进行监督,人民政协依章程进行民主监督,审计机关依法进行审计监督。有关国家机关发现党的领导干部违反党规党纪、需要党组织处理的,应当及时向有关党组织报告。审计机关发现党的领导干部涉嫌违纪的问题线索,应当向同级党组织报告,必要时向上级党组织报告,并按照规定将问题线索移送相关纪律检查机关处理。

在纪律审查中发现党的领导干部严重违纪涉嫌违法犯罪的,应当先作出党纪处分决定,再移送行政机关、司法机关处理。执法机关和司法机关依法立案查处涉及党的领导干部案件,应当向同级党委、纪委通报;该干部所在党组织应当根据有关规定,中止其相关党员权利;依法受到刑事责任追究,或者虽不构成犯罪但涉嫌违纪的,应当移送纪委依纪处理。

第三十八条 中国共产党同各民主党派长期共存、互相监督、肝胆相照、荣辱与共。各级党组织应当支持民主党派履行监督职能,重视民主党派和无党派人士提出的意见、批评、建议,完善知情、沟通、反馈、落实等机制。

第三十九条 各级党组织和党的领导干部应当认真对待、自觉接受社会监督,利用互联网技术和信息化手段,推动党务公开、拓宽监督渠道,虚心接受群众批评。新闻媒体应当坚持党性和人民性相统一,坚持正确导向,加强舆论监督,对典型案例进行剖析,发挥警示作用。

第七章 整改和保障

第四十条 党组织应当如实记录、集中管理党内监督中发现的问题和线索,及时了解核实,作出相应处理;不属于本级办理范围的应当移送有权限的党组织处理。

第四十一条 党组织对监督中发现的问题应当做到条条要整改、件件有着落。整改结果应当及时报告上级党组织,必要时可以向下级党组织和党员通报,并向社会公开。

对于上级党组织交办以及巡视等移交的违纪问题线索,应当及时处理,并在 3 个月内反馈办理情况。

第四十二条 党委(党组)、纪委(纪检组)应当加强对履行党内监督责任和问题整改落实情况的监督检查,对不履行或者不正确履行党内监督职责,以及纠错、整改不力的,依照《中国共产党纪律处分条例》、

《中国共产党问责条例》等规定处理。

第四十三条　党组织应当保障党员知情权和监督权,鼓励和支持党员在党内监督中发挥积极作用。提倡署真实姓名反映违纪事实,党组织应当为检举控告者严格保密,并以适当方式向其反馈办理情况。对干扰妨碍监督、打击报复监督者的,依纪严肃处理。

第四十四条　党组织应当保障监督对象的申辩权、申诉权等相关权利。经调查,监督对象没有不当行为的,应当予以澄清和正名。对以监督为名侮辱、诽谤、诬陷他人的,依纪严肃处理;涉嫌犯罪的移送司法机关处理。监督对象对处理决定不服的,可以依照党章规定提出申诉。有关党组织应当认真复议复查,并作出结论。

第八章　附　　则

第四十五条　中央军事委员会可以根据本条例,制定相关规定。

第四十六条　本条例由中央纪律检查委员会负责解释。

第四十七条　本条例自发布之日起施行。

坚定不移推进全面从严治党

人民日报社论

丙申金秋,硕果累累。中国共产党第十八届中央委员会第六次全体会议胜利闭幕。这是在中国共产党成立 95 周年、红军长征胜利 80 周年的历史节点,在全面深化改革、决胜全面小康的关键时刻,召开的一次十分重要的会议。全会充分肯定了党的十八届五中全会以来中央政治局的工作,高度评价全面从严治党取得的成就。全会全面分析党的建设面临的形势和任务,系统总结近年来特别是党的十八大以来全面从严治党的理论和实践,就新形势下加强党的建设作出新的重大部署,充分体现了党中央坚定不移推进全面从严治党的坚强决心和历史担当,体现了全党的共同心声,对确保党始终成为中国特色社会主义事业的坚强领导力量,对统筹推进"五位一体"总体布局和协调推进"四个全面"战略布局,更好进行具有许多新的历史特点的伟大斗争、推进党的建设新的伟大工程、推进中国特色社会主义伟大事业,实现中华民族伟大复兴的中国梦,意义重大、影响深远。

治国必先治党,治党务必从严。全面从严治党,是这次全会的鲜明主题。作为一个有8800多万名党员的大党,作为一个在有着13亿多人口的大国长期执政的党,党的建设关系重大、牵动全局。党的十八大以来,我们党先后召开十八届三中、四中、五中全会,对全面深化改革、全面依法治国、全面建成小康社会作了部署,这次全会专题研究全面从严治党,这是党中央着眼于"四个全面"战略布局作出的整体设计,是党中央治国理政方略的渐次展开、深度推进。加强和规范党内政治生活、加强党内监督,是新形势下加强党的建设的重要课题,也是推进全面从严治党的重要抓手。严肃党内政治生活是我们党的优良传统和政治优势,也是全面从严治党的基础,党要管党,首先要从党内政治生活管起;从严治党,首先要从党内政治生活严起。党内监督是党的建设的重要内容,也是全面从严治党的重要保证,党的执政地位,决定了党内监督在党和国家各种监督形式中是最基本的、第一位的。

"法与时转则治,治与世宜则有功。"党中央决定这次全会制定准则、修订条例,正是着眼于推进全面从严治党、坚持思想建党和制度治党相结合的一个重大安排。两个文件最鲜明的特点就是继承和创新的有机统一,既深入总结了我们党在加强自身建设方面的经验和教训,继承了我们党在长期实践中形成的制度规定、发扬了我们党的优良传统,又全面总结了党的十八大以来党中央推进全面从严治党的生动实践,对全面从严治党的理论和实践创新成果进行了集纳,并深入分析新形势下党的建设面临的新情况新问题,直面当前党内政治生活和党内监督存在的突出问题,聚焦党员领导干部特别是高级干部这个"关键少数",形成了新的制度安排,实现了党内政治生活和党内监督制度化、规范化、程序化,为推进全面从严治党、提高党的创造力凝聚力战斗力提供了更加有力的制度保障。

一个国家、一个政党,领导核心至关重要。我们这样的大国、大党,要凝聚全党、团结人民、战胜挑战、破浪前进,保证我们党始终成为坚强有力的马克思主义执政党、始终成为中国特色社会主义的坚强领导力量,党中央、全党必须有一个核心。党的十八大以来,习近平总书记带领全党全军全国各族人民开创了中国特色社会主义伟大事业和党的建设新的伟大工程新局面,在改革发展稳定、内政外交国防、治党治国治军等方面取得了一系列具有重大现实意义和深远历史意义的成就,实现了党和国家事业的继往开来。习近平总书记在新的伟大斗争实践中已经成为党中央的核心、全党的核心。这次全会,正式提出"以习近平同志为核心的党中央",反映了全党全军全国各族人民的共同心愿,是党和国家根本利益所在,是坚持和加强党的领导的根本保证,是进行具有许多新的历史特点的伟大斗争、坚持和发展中国特色社会主义伟大事业的迫切需要。这对维护党中央权威、维护党的团结和集中统一领导,对全党全军全国各族人民更好凝聚力量抓住机遇、战胜挑战,对全党团结一心、不忘初心、继续前进,对保证党和国家兴旺发达、长治久安,具有十分重大而深远的意义。

历史使命越光荣,前进道路越宽广,就越需要我们党谋划全局、引领方向。全会决定,党的第十九次全国代表大会于 2017 年下半年在北京召开。这是党和国家政治生活中的一件大事,全党要全面贯彻党的十八大和十八届三中、四中、五中、六中全会精神,团结带领全国各族人民,坚定信心,奋发进取,进一步做好党和国家各项工作,特别是要切实做好思想理论准备工作、组织准备工作、经济社会发展工作、意识形态工作,切实维护社会和谐稳定,以优异成绩迎接党的十九大召开。

梦想照亮前方,奋进正当其时。让我们更加紧密地团结在以习近平同志为核心的党中央周围,全面深入贯彻本次全会精神,牢固树立政治意识、大局意识、核心意识、看齐意识,坚定不移维护党中央权威和党中央集中统一领导,继续推进全面从严治党,共同营造风清气正的政治生态,更加扎实地把党中央的各项决策部署落到实处,万众一心、众志成城,为实现"两个一百年"奋斗目标、实现中华民族伟大复兴的中国梦而不懈奋斗。

(2016 年 10 月 28 日《人民日报》)

全面从严治党是锻造坚强领导力量的必然要求

——一论学习贯彻党的十八届六中全会精神

人民日报评论员

治国必先治党，治党务必从严。全面从严治党，是党的十八大以来党中央抓党的建设的鲜明主题。

刚刚胜利闭幕的党的十八届六中全会，全面分析全面从严治党面临的形势和任务，系统总结近年来特别是党的十八大以来全面从严治党的理论和实践，审议通过了《关于新形势下党内政治生活的若干准则》和《中国共产党党内监督条例》，就新形势下加强党的建设作出新的重大部署。这充分体现了以习近平同志为核心的党中央坚定不移推进全面从严治党的坚强决心和历史担当，体现了全党的共同心声。学习贯彻六中全会精神，必须更加深入地认识和把握全面从严治党，坚定不移地推进全面从严治党。

回顾党的十八大以来全面从严治党的实践,关键就在一个"严"字。概括起来,主要有六个方面的从严。抓思想从严,着力教育引导全党坚定理想、坚定信念,增强"四个自信"。抓管党从严,引导全党增强政治意识、大局意识、核心意识、看齐意识,不断增强各级党组织管党治党意识和能力。抓执纪从严,坚持把纪律挺在前面,严明党的政治纪律和政治规矩,保证全党团结统一、步调一致。抓治吏从严,着力整治用人上的不正之风,优化选人用人环境。抓作风从严,着力解决许多过去被认为解决不了的问题,推动党风政风不断好转。抓反腐从严,坚持"老虎""苍蝇"一起打,着力扎紧制度的笼子。三年多来全面从严治党带来的巨大变化,党风政风民风展现的新气象,赢得了党心民心,充分表明党中央作出全面从严治党的战略抉择是完全正确的,为党和国家事业发展积聚了强大正能量,为开创党和国家事业新局面提供了重要保证。

　　"办好中国的事情,关键在党,关键在党要管党、从严治党。"全党必须深刻认识到,如果管党不力、治党不严,人民群众反映强烈的突出矛盾和问题得不到及时解决,我们党执政就会面临严峻挑战。同样,如果我们让已经初步解决的问题反弹回潮、故态复发,那就会失信于民,我们党就会面临更大的危险。全面从严治党,既需要全方位用劲,也需要重点发力。加强和规范党内政治生活、加强党内监督,是新形势下加强党的建设的重要课题,也是推进全面从严治党的重要抓手。全会审议通过的党内政治生活的若干准则,根据新形势下党的建设的新特点,确立了若干操作性很强的政治原则和政治规矩,从12个方面作出具体规定,正是要解决管党治党的宽松软现象,确保党的领导坚强有力。党的执政地位,决定了党内监督在党和国家各种监督形式中是最基本的、第一位的。全会审议通过的党内监督条例,是新形势下加强党内监督的顶层设计,必须抓好贯彻执行,使其成为规范各级党组织和广大党员、干部行为的硬约束。准则、条例内在统一、相辅相成,是推进全面从严治党的重要制度法规保障。

当前,我国已进入全面建成小康社会决胜阶段,中华民族正处于走向伟大复兴的关键时期,各种矛盾叠加、风险隐患集聚,我们前进的路上有各种各样的"拦路虎""绊脚石"。只有把党建设得更加坚强有力,我们党才能团结带领人民有力应对重大挑战、抵御重大风险、克服重大阻力、解决重大矛盾,赢得优势、赢得主动、赢得未来。把全面从严治党纳入"四个全面"战略布局,是新的历史条件下我们党应对世情国情党情变化的必然选择;把全面从严治党坚定不移推向纵深,是确保我们党始终成为中国特色社会主义事业坚强领导力量的必然要求。全党同志紧密团结在以习近平同志为核心的党中央周围,全面深入贯彻党的十八届六中全会精神,牢固树立政治意识、大局意识、核心意识、看齐意识,坚定不移维护党中央权威和党中央集中统一领导,着力深化全面从严治党,我们党就一定能团结带领人民不断开创中国特色社会主义事业新局面,向历史、向人民交出新的更加优异的答卷。

(2016 年 10 月 29 日《人民日报》)

增强"四个意识"
维护党中央权威

——二论学习贯彻党的十八届六中全会精神

人民日报评论员

"事在四方,要在中央。"党面临的形势越复杂,肩负的任务越艰巨,就越要维护党的团结和集中统一。党的十八届六中全会要求全党进一步增强"四个意识",正是要确保全党统一意志、统一行动,充满生机、充满朝气,确保我们党始终成为中国特色社会主义事业的坚强领导力量。

我们党是用马克思主义理论武装起来的先进政党,必须坚定正确政治方向,坚守崇高理想信念。统筹推进"五位一体"总体布局,建设中国特色社会主义伟大事业,面对"四大考验"和"四种危险"的严峻挑战,面对协调推进"四个全面"战略布局的艰巨使命,只有不忘初心、继续前进,不断增强政治意识、大局意识、核心意识、看齐意识，才能筑牢全面从严治党的思想基础，我们党才能担负起团结带领全国各族人民实现中华民族伟大复兴的历史使命。

可以说，增强"四个意识"是维护党的团结和集中统一、推进全面从严治党的关键。"四个意识"是统一整体，为的都是确保全党方向和立场坚定正确，确保局部和整体协调一致，确保团结和集中统一，确保队伍整齐有力。怎样体现"四个意识"？如何检验"四个意识"？首先就要看是否紧密团结在党中央周围，团结在党的核心周围；就要看是否向党中央看齐，向党的核心看齐。只有增强"四个意识"特别是核心意识、看齐意识，才能有力维护党的团结和集中统一，有效应对党面临的重大挑战和危险，不断开创党和国家事业发展新局面。

伟大事业需要坚强领导核心。这次全会正式提出"以习近平同志为核心的党中央"，党的十八大以来的实践充分证明，习近平总书记作为党中央的核心、全党的核心，是众望所归、实至名归，是党心所向、民心所向。明确习近平总书记的核心地位，反映了全党的共同意志，反映了全党全军全国各族人民的共同心愿。今天，增强核心意识，就是要更加紧密地团结在以习近平同志为核心的党中央周围，更加坚定地维护以习近平同志为核心的党中央权威，自觉在思想上政治上行动上同以习近平同志为核心的党中央保持高度一致。

"人心齐、泰山移。"全党向中央看齐，保持高度团结和集中统一，是我们党的光荣传统和独特优势。毛泽东同志说过："要知道，一个队伍经常是不大整齐的，所以就要常常喊看齐……看齐是原则，有偏差是实际生活，有了偏差，就喊看齐。"统筹推进"五位一体"总体布局、协调推进"四个全面"战略布局，贯彻落实好新的发展理念，决胜全面建成小康社会，关键在党，在党中央集中统一领导，在全党统一思想、统一行动。今天，增强看齐意识，就是要经常、主动向党中央看齐，向党的理论和路线方针政策看齐，向党中央决策部署看齐，做到党中央提倡的坚决响应、党中央决定的坚决执行、党中央禁止的坚决不做。

"知者行之始，行者知之成。""四个意识"强不强，不是抽象的，体现在一言一行；不只看表态，更要看实际行动。把"四个意识"转化为在党爱党、在党言党、在党忧党、在党为党的切实行动。坚持围绕核心聚力、向党中央看齐，坚持从政治上考量、在大局下行动,我们就能更好抓住机遇、战胜挑战,不断书写全面从严治党新篇章,不断开创中国特色社会主义事业新局面。

（2016 年 10 月 30 日《人民日报》）

严肃党内政治生活是全面从严治党重要基础

——三论学习贯彻党的十八届六中全会精神

人民日报评论员

"党要管党必须从党内政治生活管起,从严治党必须从党内政治生活严起。"党的十八届六中全会站在党和国家事业发展的高度,深刻总结我们党开展党内政治生活的历史经验,深入分析全面从严治党面临的形势和任务,坚持问题导向,坚持继承与创新的统一,审议通过了《关于新形势下党内政治生活的若干准则》,就新形势下加强和规范党内政治生活作出全面部署,为严肃党内政治生活、净化党内政治生态提供了基本遵循。

开展严肃认真的党内政治生活,是我们党作为马克思主义政党区别于其他政党的重要特征,是我们党的光荣传统。长期实践证明,严肃认真的党内政治生活,是我们党坚持党的性质和宗旨、保持先进性和纯洁性的重要法宝,是解决党内矛盾和问题的"金钥匙",是广大党员、干部锤炼党性的"大熔炉",是纯洁党风的"净化器"。党的十八大以来,以习近平同志为核心的党中央坚定推进全面从严治党,党内政治生活展现新气象,党内政治生态明显好转。三年多的实践深刻表明,要把党内存在的突出矛盾和问题解决好,要有效化解党面临的重大风险和挑战,很重要的一条就是扎紧制度的笼子,从党内政治生活管起、严起,切实加强和规范新形势下党内政治生活。

"法与时转则治,治与世宜则有功。"六中全会深刻把握新形势下党内政治生活的新情况新特点,针对党内存在的突出矛盾和问题,就坚定理想信念、坚持党的基本路线、坚决维护党中央权威、严明党的政治纪律、保持党同人民群众的血肉联系、坚持民主集中制原则、发扬党内民主和保障党员权利、坚持正确选人用人导向、严格党的组织生活制度、开展批评和自我批评、加强对权力运行的制约和监督、保持清正廉洁的政治本色等12个方面作出规定、提出明确要求。准则既是党章规定的具体化,也是近年来全面从严治党实践形成的一系列举措的系统化;既指出了病症,也开出了药

78

方;既有治标举措,也有治本方略,是我们党坚持思想建党和制度治党相结合的具体体现。

准则管不管用,关键看能不能执行到位。党内政治生活严肃起来、认真起来,全面从严治党就有了重要基础。只有抓好思想教育这个根本,涵养政治文化,才能不断培厚良好政治生态的土壤,筑牢全党步调一致的根基;只有抓好严明纪律这个关键,强化党内制度约束,才能推动管党治党不断从"宽松软"走向"严实硬";只有抓好选人用人这个导向,大力整治选人用人上的不正之风,才能以用人环境的风清气正促进政治生态的山清水秀;只有用好组织生活这个经常性手段,营造批评和自我批评的良好风气,才能切实加强党组织对党员的教育管理监督;只有抓住继承和创新这两个关键环节,既继承长期以来形成的光荣传统,又不断从内容、形式、载体、方法、手段等方面进行改进和创新,才能更好发挥党内政治生活的作用。"绳墨之起,为不直也。"以准则为遵循,迎着矛盾改、对准问题抓,努力营造良好政治生态,全面从严治党就能达到标本兼治的成效。

全面从严治党永远在路上。紧密团结在以习近平同志为核心的党中央周围,以严肃党内政治生活为抓手推进全面从严治党,我们定能营造风清气正的政治生态,更好担负起历史赋予的神圣使命。

(2016 年 10 月 31 日《人民日报》)

强化党内监督是全面
从严治党重要保障

——四论学习贯彻党的十八届六中全会精神

人民日报评论员

党内监督是党的建设的重要内容,是永葆党的肌体健康的生命之源。

党的十八届六中全会审议通过《中国共产党党内监督条例》,对强化新形势下的党内监督作出顶层设计,为加强和规范党内监督提供了基本遵循。学习贯彻六中全会精神,一个极为重要的方面就是要抓好条例的贯彻执行,使其成为规范各级党组织和广大党员、干部行为的硬约束。

长期以来,党中央高度重视党内监督,采取了有力措施,取得了显著成绩。同时,不愿监督、不敢监督、抵制监督等现象也在党内不同程度存在。一些同志监督下级怕丢"选票",监督同级怕伤"和气",监督上级怕穿"小鞋"。党内监督缺位，必然导致党的领导弱化、党的建设缺失、全面从严治党不力。深化全面从严治党，必须从根本上解决主体责任缺失、监督责任缺位、管党治党宽松软的问题，把强化党内监督作为党的建设的重要基础性工程，使监督的制度优势充分释放出来。

强化党内监督，是推进全面从严治党的重要保障。党的执政地位，决定了党内监督在党和国家各种监督形式中是最基本的、第一位的，只有以党内监督带动其他监督、完善监督体系，才能为全面从严治党提供有力制度保障。现在，我们党不断完善党内监督体系，目的就是形成科学管用的防错纠错机制，既使已经发生的突出矛盾和问题得到更加深入有效的解决，又有效防范新的矛盾和问题滋生蔓延、有效防范已经解决的矛盾和问题反弹复发。这次全会通过的党内监督条例，正是规范当前和今后一个时期党内监督的基本法规。全党同志务必深刻领会六中全会精神，不断增强向体内病灶开刀的自觉性，使积极开展监督、主动接受监督成为全党的自觉行动。

"治乱存亡，其始若秋毫，察其秋毫则大物不过矣。"党内监督没有禁区、没有例外，是全党的任务，必领全党一起动手。在监督体系上,建立健全党中央统一领导、党委(党组)全面监督、纪律检查机关专责监督、党的工作部门职能监督、党的基层组织日常监督、党员民主监督的党内监督体系。在形成监督合力上,坚持党内监督同有关国家机关监督、民主党派监督、群众监督、舆论监督等相结合。在监督重点上,以党的领导机关和领导干部特别是主要领导干部为重点对象。在监督任务和内容上,确保党章党规党纪在全党有效执行,维护党中央集中统一领导,维护党的团结统一。这样,我们就能织密监督制度之网,有效解决和防范党内存在的突出矛盾和问题,有效化解党面临的重大挑战和危险。

早在延安时期,我们党就提出跳出"历史周期律"的课题。新的历史起点上,紧密团结在以习近平同志为核心的党中央周围,全面落实党内监督责任,坚定不移推进全面从严治党,不断增强党在长期执政条件下自我净化、自我完善、自我革新、自我提高能力,我们就一定能从容应对风险挑战,团结带领全国各族人民在新长征路上不断夺取新胜利。

(2016 年 11 月 1 日《人民日报》)

突出抓好领导干部这个关键

——五论学习贯彻党的十八届六中全会精神

人民日报评论员

风成于上,俗形于下。领导干部以身作则、率先垂范,就能以点带面、以上率下;反之,则可能给党的形象和威信造成损害。

"新形势下加强和规范党内政治生活,重点是各级领导机关和领导干部,关键是高级干部特别是中央委员会、中央政治局、中央政治局常务委员会的组成人员""党内监督的重点对象是党的领导机关和领导干部特别是主要领导干部",党的十八届六中全会通过的《关于新形势下党内政治生活的若干准则》和《中国共产党党内监督条例》这两部党内法规,一个鲜明特色就是都突出了高级干部这个重点,对高级干部提出了更高的标准、更严的要求。学习贯彻十八届六中全会精神,必须突出抓好领导干部特别是高级干部这个关键,为全党全社会作出示范,带动党风政风民风进一步好转,把全面从严治党推向纵深。

"欲影正者端其表,欲下廉者先之身"。我们党历来重视抓好高级干部的思想建设和作风建设,发挥高级干部的示范带头作用。党的十八大以来,以习近平同志为核心的党中央,反复强调高级干部要对党忠诚、落实管党治党责任、守住纪律底线,为全党作出表率。这次六中全会之所以突出高级干部这个重点,要求加强和规范党内政治生活、加强党内监督必须从领导干部特别是高级干部做起,从根本上说正是由他们执掌重要权力的特殊地位所决定的,也是由他们发挥示范作用的特殊职责所要求的。

位高不能擅权,权重不可谋私。近期,热播电视专题片《永远在路上》披露的细节表明,一些领导干部发生的问题,往往成为所在地方和单位各种问题滋生蔓延的主要导因。领导干部务必清醒认识自己岗位对党和国家的特殊重要性,职位越高越要自觉按照党提出的标准严格要求自己,增强自律意识、标杆意识、表率意识,模范遵守党章党规。凡是要求党员、干部做到的自己首先做到,凡是要求党员、干部不做的自己首先不做。同时,务必认真履行管党治党责任,在加强和规范党内政治生活、加强党内监督各个环节敢抓敢管，及时发现问题、有效解决问题。

对领导干部来说，"一把手"是关键中的关键。发挥好"一把手"在贯彻落实准则、条例上的示范表率作用，对管理好领导班子和领导干部具有重要意义，必须着力加强对"一把手"教育的针对性、管理的经常性、监督的有效性。对高级干部来说，中央领导层组成人员首当其责。准则和条例都对中央层面提出了专门要求，强调要从中央层面做起。子帅以正，孰敢不正？自上而下把党内政治生活、党内监督搞好，就能以令人信服的表率作用，推动全党开创全面从严治党新局面。

"人不率则不从，身不先则不信"。党的十八大以来，以习近平同志为核心的党中央身体力行、率先垂范，取得了全面从严治党的巨大成就，赢得了党心民心。紧密团结在以习近平同志为核心的党中央周围，牢固树立"四个意识"，向党中央看齐，以党中央为标杆，不忘初心、继续前进，我们就一定能不断推进全面从严治党向纵深发展，团结带领全国各族人民夺取中国特色社会主义新胜利。

（2016年11月2日《人民日报》）

一图读懂

《关于新形势下党内政治生活的若干准则》

分三
大板块

12个部分

第一板块　序言

01　　属于总论，阐述党内政治生活的重大作用和历史经验、存在的突出问题、面临的形势任务以及新形势下加强和规范党内政治生活的重要性紧迫性，提出加强和规范党内政治生活的目标要求。

第二板块　分论

02　　是主体部分，围绕坚定理想信念、坚持党的基本路线、坚决维护党中央权威、严明党的政治纪律、保持党同人民群众的血肉联系、坚持民主集中制原则、发扬党内民主和保障党员权利、坚持正确选人用人导向、严格党的组织生活制度、开展批评和自我批评、加强对权力运行的制约和监督、保持清正廉洁的政治本色12个方面分别提出明确要求、作出具体规定。

一、坚定理想信念

共产主义远大理想和中国特色社会主义共同理想，是中国共产党人的精神支柱和政治灵魂，也是保持党的团结统一的思想基础。必须高度重视思想政治建设，把坚定理想信念作为开展党内政治生活的首要任务。

二、坚持党的基本路线

党在社会主义初级阶段的基本路线是党和国家的生命线、人民的幸福线，也是党内政治生活正常开展的根本保证。必须全面贯彻执行党的基本路线，把以经济建设为中心同坚持四项基本原则、坚持改革开放这两个基本点统一于中国特色社会主义伟大实践，任何时候都不能有丝毫偏离和动摇。

三、坚决维护党中央权威

坚决维护党中央权威、保证全党令行禁止，是党和国家前途命运所系，是全国各族人民根本利益所在，也是加强和规范党内政治生活的重要目的。必须坚持党员个人服从党的组织，少数服从多数，下级组织服从上级组织，全党各个组织和全体党员服从党的全国代表大会和中央委员会，核心是全党各个组织和全体党员服从党的全国代表大会和中央委员会。

四、严明党的政治纪律

纪律严明是全党统一意志、统一行动、步调一致前进的重要保障，是党内政治生活的重要内容。必须严明党的纪律，把纪律挺在前面，用铁的纪律从严治党。

五、保持党同人民群众的血肉联系

人民立场是党的根本政治立场，人民群众是党的力量源泉。我们党来自人民，失去人民拥护和支持，党就会失去根基。必须把坚持全心全意为人民服务的根本宗旨、保持党同人民群众的血肉联系作为加强和规范党内政治生活的根本要求。

六、坚持民主集中制原则

民主集中制是党的根本组织原则，是党内政治生活正常开展的重要制度保障。坚持集体领导制度，实行集体领导和个人分工负责相结合，是民主集中制的重要组成部分，必须始终坚持，任何组织和个人在任何情况下都不允许以任何理由违反这项制度。

七、发扬党内民主和保障党员权利

党内民主是党的生命，是党内政治生活积极健康的重要基础。要坚持和完善党内民主各项制度，提高党内民主质量，党内决策、执行、监督等工作必须执行党章党规确定的民主原则和程序，任何党组织和个人都不得压制党内民主、破坏党内民主。

八、坚持正确选人用人导向

坚持正确选人用人导向，是严肃党内政治生活的组织保证。必须严格标准、健全制度、完善政策、规范程序，使选出来的干部组织放心、群众满意、干部服气。

九、严格党的组织生活制度

党的组织生活是党内政治生活的重要内容和载体，是党组织对党员进行教育管理监督的重要形式。必须坚持党的组织生活各项制度，创新方式方法，增强党的组织生活活力。

十、开展批评和自我批评

批评和自我批评是我们党强身治病、保持肌体健康的锐利武器，也是加强和规范党内政治生活的重要手段。必须坚持不懈把批评和自我批评这个武器用好。

十一、加强对权力运行的制约和监督

监督是权力正确运行的根本保证，是加强和规范党内政治生活的重要举措。必须加强对领导干部的监督，党内不允许有不受制约的权力，也不允许有不受监督的特殊党员。

十二、保持清正廉洁的政治本色

建设廉洁政治，坚决反对腐败，是加强和规范党内政治生活的重要任务。必须筑牢拒腐防变的思想防线和制度防线，着力构建不敢腐、不能腐、不想腐的体制机制，保持党的肌体健康和队伍纯洁。

第三板块 结束语

03　　主要讲加强组织领导和督促检查、高级干部带头示范，确保各项任务落到实处。

中央纪委监察部网站 制作

一图读懂
《中国共产党党内监督条例》

条例共8章、47条，分三大板块。

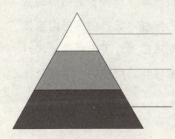

第一板块 第一章总则，列了9条。

第二板块 第二章至第五章，是条例的主体部分，列了27条。

第三板块 第六章至第八章，列了11条。

第一板块

◆ 目 的 和 依 据 ◆

为坚持党的领导，加强党的建设，全面从严治党，强化党内监督，保持党的先进性和纯洁性，根据《中国共产党章程》，制定本条例。

◆ 指导思想 ◆

党内监督以马克思列宁主义、毛泽东思想、邓小平理论、"三个代表"重要思想、科学发展观为指导，深入贯彻习近平总书记系列重要讲话精神，围绕统筹推进"五位一体"总体布局和协调推进"四个全面"战略布局，尊崇党章，依规治党，坚持党内监督和人民群众监督相结合，增强党在长期执政条件下自我净化、自我完善、自我革新、自我提高能力，确保党始终成为中国特色社会主义事业的坚强领导核心。

◆ 基本原则 ◆

·党内监督没有禁区、没有例外。信任不能代替监督。各级党组织应当把信任激励同严格监督结合起来，促使党的领导干部做到有权必有责、有责要担当、用权受监督、失责必追究。

·党内监督必须贯彻民主集中制，依规依纪进行，强化自上而下的组织监督，改进自下而上的民主监督，发挥同级相互监督作用。坚持惩前毖后、治病救人，抓早抓小、防微杜渐。

◆◆ 监督内容 ◆◆

党内监督的任务是确保党章党规党纪在全党有效执行，维护党的团结统一，重点解决党的领导弱化、党的建设缺失、全面从严治党不力，党的观念淡漠、组织涣散、纪律松弛，管党治党宽松软问题，保证党的组织充分履行职能、发挥核心作用，保证全体党员发挥先锋模范作用，保证党的领导干部忠诚干净担当。

党内监督的主要内容是：

1 遵守党章党规，坚定理想信念，践行党的宗旨，模范遵守宪法法律情况；

2 维护党中央集中统一领导，牢固树立政治意识、大局意识、核心意识、看齐意识，贯彻落实党的理论和路线方针政策，确保全党令行禁止情况；

3 坚持民主集中制，严肃党内政治生活，贯彻党员个人服从党的组织，少数服从多数，下级组织服从上级组织，全党各个组织和全体党员服从党的全国代表大会和中央委员会原则情况；

4 落实全面从严治党责任，严明党的纪律特别是政治纪律和政治规矩，推进党风廉政建设和反腐败工作情况；

5 落实中央八项规定精神，加强作风建设，密切联系群众，巩固党的执政基础情况；

6 坚持党的干部标准，树立正确选人用人导向，执行干部选拔任用工作规定情况；

7 廉洁自律、秉公用权情况；

8 完成党中央和上级党组织部署的任务情况。

❖ 监督对象 ❖

党的领导机关和领导干部特别是主要领导干部。

❖ 监督方式 ❖

党内监督必须把纪律挺在前面，运用监督执纪"四种形态"，经常开展批评和自我批评、约谈函询，让"红红脸、出出汗"成为常态；党纪轻处分、组织调整成为违纪处理的大多数；党纪重处分、重大职务调整的成为少数；严重违纪涉嫌违法立案审查的成为极少数。

❖ 强化自我监督 ❖

党的领导干部应当强化自我约束，经常对照党章检查自己的言行，自觉遵守党内政治生活准则、廉洁自律准则，加强党性修养，陶冶道德情操，永葆共产党人政治本色。

❖ 构建党内监督体系 ❖

建立健全党中央统一领导，党委（党组）全面监督，纪律检查机关专责监督，党的工作部门职能监督，党的基层组织日常监督，党员民主监督的党内监督体系。

第二板块

党的中央组织的监督

党委（党组）的监督

党的纪律检查委员会的监督

党的基层组织和党员的监督

党的中央组织的监督

第十条　党的中央委员会、中央政治局、中央政治局常务委员会全面领导党内监督工作。中央委员会全体会议每年听取中央政治局工作报告，监督中央政治局工作，部署加强党内监督的重大任务。

第十一条　中央政治局、中央政治局常务委员会定期研究部署在全党开展学习教育，以整风精神查找问题、纠正偏差；听取和审议全党落实中央八项规定精神情况汇报，加强作风建设情况监督检查；听取中央纪律检查委员会常务委员会工作汇报；听取中央巡视情况汇报，在一届任期内实现中央巡视全覆盖。中央政治局每年召开民主生活会，进行对照检查和党性分析，研究加强自身建设措施。

第十二条　中央委员会成员必须严格遵守党的政治纪律和政治规矩，发现其他成员有违反党章、破坏党的纪律、危害党的团结统一的行为应当坚决抵制，并及时向党中央报告。对中央政治局委员的意见，署真实姓名以书面形式或者其他形式向中央政治局常务委员会或者中央纪律检查委员会常务委员会反映。

第十三条　中央政治局委员应当加强对直接分管部门、地方、领域党组织和领导班子成员的监督，定期同有关地方和部门主要负责人就其履行全面从严治党责任、廉洁自律等情况进行谈话。

第十四条　中央政治局委员应当严格执行中央八项规定，自觉参加双重组织生活，如实向党中央报告个人重要事项。带头树立良好家风，加强对亲属和身边工作人员的教育和约束，严格要求配偶、子女及其配偶不得违规经商办企业，不得违规任职、兼职取酬。

◆◆ 党委（党组）的监督 ◆◆

第十五条 党委（党组）在党内监督中负主体责任，书记是第一责任人，党委常委会委员（党组成员）和党委委员在职责范围内履行监督职责。党委（党组）履行以下监督职责：

（一）领导本地区本部门本单位党内监督工作，组织实施各项监督制度，抓好督促检查；

（二）加强对同级纪委和所辖范围内纪律检查工作的领导，检查其监督执纪问责工作情况；

（三）对党委常委会委员（党组成员）、党委委员，同级纪委、党的工作部门和直接领导的党组织领导班子及其成员进行监督；

（四）对上级党委、纪委工作提出意见和建议，开展监督。

第十六条 党的工作部门应当严格执行各项监督制度，加强职责范围内党内监督工作，既加强对本部门本单位的内部监督，又强化对本系统的日常监督。

第十七条 党内监督必须加强对党组织主要负责人和关键岗位领导干部的监督，重点监督其政治立场、加强党的建设、从严治党，执行党的决议，公道正派选人用人，责任担当、廉洁自律，落实意识形态工作责任制情况。

上级党组织特别是其主要负责人，对下级党组织主要负责人应当平时多过问、多提醒，发现问题及时纠正。领导班子成员发现班子主要负责人存在问题，应当及时向其提出，必要时可以直接向上级党组织报告。

党组织主要负责人个人有关事项应当在党内一定范围公开，主动接受监督。

第十八条 党委（党组）应当加强对领导干部的日常管理监督，掌握其思想、工作、作风、生活状况。党的领导干部应当经常开展批评和自我批评，敢于正视、深刻剖析、主动改正自己的缺点错误；对同志的缺点错误应当敢于指出，帮助改进。

第十九条 巡视是党内监督的重要方式。中央和省、自治区、直辖市党委一届任期内，对所管理的地方、部门、企事业单位党组织全面巡视。巡视党的组织和党的领导干部尊崇党章、党的领导、党的建设和党的路线方针政策落实情况，履行全面从严治党责任、执行党的纪律、落实中央八项规定精神、党风廉政建设和反腐败工作以及选人用人情况。发现问题、形成震慑，推动改革、促进发展，发挥从严治党利剑作用。

中央巡视工作领导小组应当加强对省、自治区、直辖市党委，中央有关部委，中央国家机关部门党组（党委）巡视工作的领导。省、自治区、直辖市党委应当推动党的市（地、州、盟）和县（市、区、旗）委员会建立巡察制度，使从严治党向基层延伸。

第二十条 严格党的组织生活制度，民主生活会应当经常化，遇到重要或者普遍性问题应当及时召开。民主生活会重在解决突出问题，领导干部应当在会上把群众反映、巡视反馈、组织约谈函询的问题说清楚、谈透彻，开展批评和自我批评，提出整改措施，接受组织监督。上级党组织应当加强对下级领导班子民主生活会的指导和监督，提高民主生活会质量。

第二十一条 坚持党内谈话制度，认真开展提醒谈话、诫勉谈话。发现领导干部有思想、作风、纪律等方面苗头性、倾向性问题的，有关党组织负责人应当及时对其提醒谈话；发现轻微违纪问题的，上级党组织负责人应当对其诫勉谈话，并由本人作出说明或者检讨，经所在党组织主要负责人签字后报上级纪委和组织部门。

第二十二条 严格执行干部考察考核制度，全面考察德、能、勤、绩、廉表现，既重政绩又重政德，重点考察贯彻执行党中央和上级党组织决策部署的表现，履行管党治党责任，在重大原则问题上的立场，对待人民群众的态度，完成急难险重任务的情况。考察考核中党组织主要负责人应当对班子成员实事求是作出评价。考核评语在同本人见面后载入干部档案。落实党组织主要负责人在干部选任、考察、决策等各个环节的责任，对失察失责的应当严肃追究责任。

第二十三条 党的领导干部应当每年在党委常委会（或党组）扩大会议上述责述廉，接受评议。述责述廉重点是执行政治纪律和政治规矩、履行管党治党责任、推进党风廉政建设和反腐败工作以及执行廉洁纪律情况。述责述廉报告应当载入廉洁档案，并在一定范围内公开。

第二十四条 坚持和完善领导干部个人有关事项报告制度，领导干部应当按规定如实报告个人有关事项，及时报告个人及家庭重大情况，事先请示报告离开岗位或者工作所在地等。有关部门应当加强抽查核实。对故意虚报瞒报个人重大事项、篡改伪造个人档案资料的，一律严肃查处。

第二十五条 建立健全党的领导干部插手干预重大事项记录制度，发现利用职务便利违规干预干部选拔任用、工程建设、执纪执法、司法活动等问题，应当及时向上级党组织报告。

党的纪律检查委员会的监督

第二十六条 党的各级纪律检查委员会是党内监督的专责机关，履行监督执纪问责职责，加强对所辖范围内党组织和领导干部遵守党章党规党纪、贯彻执行党的路线方针政策情况的监督检查，承担下列具体任务：

（一）加强对同级党委特别是常委会委员、党的工作部门和直接领导的党组织、党的领导干部履行职责、行使权力情况的监督；

（二）落实纪律检查工作双重领导体制，执纪审查工作以上级纪委领导为主，线索处置和执纪审查情况在向同级党委报告的同时向上级纪委报告，各级纪委书记、副书记的提名和考察以上级纪委会同组织部门为主；

（三）强化上级纪委对下级纪委的领导，纪委发现同级党委主要领导干部的问题，可以直接向上级纪委报告；下级纪委至少每半年向上级纪委报告1次工作，每年向上级纪委进行述职。

第二十七条 纪律检查机关必须把维护党的政治纪律和政治规矩放在首位，坚决纠正和查处上有政策、下有对策，有令不行、有禁不止，口是心非、阳奉阴违，搞团团伙伙、拉帮结派，欺骗组织、对抗组织等行为。

第二十八条 纪委派驻纪检组对派出机关负责，加强对被监督单位领导班子及其成员、其他领导干部的监督，发现问题应当及时向派出机关和被监督单位党组织报告，认真负责调查处置，对需要问责的提出建议。

派出机关应当加强对派驻纪检组工作的领导，定期约谈被监督单位党组织主要负责人、派驻纪检组组长，督促其落实管党治党责任。

派驻纪检组应当带着实际情况和具体问题，定期向派出机关汇报工作，至少每半年会同被监督单位党组织专题研究1次党风廉政建设和反腐败工作。对能发现的问题没有发现是失职，发现问题不报告、不处置是渎职，都必须严肃问责。

第二十九条 认真处理信访举报，做好问题线索分类处置，早发现早报告，对社会反映突出、群众评价较差的领导干部情况及时报告，对重要检举事项应当集体研究。定期分析研判信访举报情况，对信访反映的典型性、普遍性问题提出有针对性的处置意见，督促信访举报比较集中的地方和部门查找分析原因并认真整改。

第三十条 严把干部选拔任用"党风廉洁意见回复"关，综合日常工作中掌握的情况，加强分析研判，实事求是评价干部廉洁情况，防止"带病提拔"、"带病上岗"。

第三十一条 接到对干部一般性违纪问题的反映，应当及时找本人核实，谈话提醒、约谈函询，让干部把问题讲清楚。约谈被反映人，可以与其所在党组织主要负责人一同进行；被反映人对函询问题的说明，应当由其所在党组织主要负责人签字后报上级纪委。谈话记录和函询回复应当认真核实，存档备查。没有发现问题的应当了结澄清，对不如实说明情况的给予严肃处理。

第三十二条 依规依纪进行执纪审查，重点审查不收敛不收手、问题线索反映集中、群众反映强烈，现在重要岗位且可能还要提拔使用的领导干部，三类情况同时具备的是重中之重。执纪审查应当查清违纪事实，让审查对象从学习党章入手，从理想信念宗旨、党性原则、作风纪律等方面检查剖析自己，审理报告应当事实清楚、定性准确，反映审查对象思想认识情况。

第三十三条 对违反中央八项规定精神的，严重违纪被立案审查开除党籍的，严重失职失责被问责的，以及发生在群众身边、影响恶劣的不正之风和腐败问题，应当点名道姓通报曝光。

第三十四条 加强对纪律检查机关的监督。发现纪律检查机关及其工作人员有违反纪律问题的，必须严肃处理。各级纪律检查机关必须加强自身建设，健全内控机制，自觉接受党内监督、社会监督、群众监督，确保权力受到严格约束。

◆ 党的基层组织和党员的监督 ◆

第三十五条 党的基层组织应当发挥战斗堡垒作用，履行下列监督职责：

（一）严格党的组织生活，开展批评和自我批评，监督党员切实履行义务，保障党员权利不受侵犯；

（二）了解党员、群众对党的工作和党的领导干部的批评和意见，定期向上级党组织反映情况，提出意见和建议；

（三）维护和执行党的纪律，发现党员、干部违反纪律问题及时教育或者处理，问题严重的应当向上级党组织报告。

第三十六条 党员应当本着对党和人民事业高度负责的态度，积极行使党员权利，履行下列监督义务：

（一）加强对党的领导干部的民主监督，及时向党组织反映群众意见和诉求；

（二）在党的会议上有根据地批评党的任何组织和任何党员，揭露和纠正工作中存在的缺点和问题；

（三）参加党组织开展的评议领导干部活动，勇于触及矛盾问题、指出缺点错误，对错误言行敢于较真、敢于斗争；

（四）向党负责地揭发、检举党的任何组织和任何党员违纪违法的事实，坚决反对一切派别活动和小集团活动，同腐败现象作坚决斗争。

第三板块

◆ 党内监督和外部监督相结合 ◆

第三十七条 各级党委应当支持和保证同级人大、政府、监察机关、司法机关等对国家机关及公职人员依法进行监督，人民政协依章程进行民主监督，审计机关依法进行审计监督。有关国家机关发现党的领导干部违反党规党纪、需要党组织处理的，应当及时向有关党组织报告。审计机关发现党的领导干部涉嫌违纪的问题线索，应当向同级党组织报告，必要时向上级党组织报告，并按照规定将问题线索移送相关纪律检查机关处理。

在纪律审查中发现党的领导干部严重违纪涉嫌违法犯罪的，应当先作出党纪处分决定，再移送行政机关、司法机关处理。执法机关和司法机关依法立案查处涉及党的领导干部案件，应当向同级党委、纪委通报；该干部所在党组织应当根据有关规定，中止其相关党员权利；依法受到刑事责任追究，或者虽不构成犯罪但涉嫌违纪的，应当移送纪委依纪处理。

第三十八条 中国共产党同各民主党派长期共存、互相监督、肝胆相照、荣辱与共。各级党组织应当支持民主党派履行监督职能，重视民主党派和无党派人士提出的意见、批评、建议，完善知情、沟通、反馈、落实等机制。

第三十九条 各级党组织和党的领导干部应当认真对待、自觉接受社会监督，利用互联网技术和信息化手段，推动党务公开、拓宽监督渠道，虚心接受群众批评。新闻媒体应当坚持党性和人民性相统一，坚持正确导向，加强舆论监督，对典型案例进行剖析，发挥警示作用。

◆◆ 整改和保障 ◆◆

第四十条 党组织应当如实记录、集中管理党内监督中发现的问题和线索，及时了解核实，作出相应处理；不属于本级办理范围的应当移送有权限的党组织处理。

第四十一条 党组织对监督中发现的问题应当做到条条要整改、件件有着落。整改结果应当及时报告上级党组织，必要时可以向下级党组织和党员通报，并向社会公开。

对于上级党组织交办以及巡视等移交的违纪问题线索，应当及时处理，并在3个月内反馈办理情况。

第四十二条 党委（党组）、纪委（纪检组）应当加强对履行党内监督责任和问题整改落实情况的监督检查，对不履行或者不正确履行党内监督职责，以及纠错、整改不力的，依照《中国共产党纪律处分条例》、《中国共产党问责条例》等规定处理。

第四十三条 党组织应当保障党员知情权和监督权，鼓励和支持党员在党内监督中发挥积极作用。提倡署真实姓名反映违纪事实，党组织应当为检举控告者严格保密，并以适当方式向其反馈办理情况。对干扰妨碍监督、打击报复监督者的，依纪严肃处理。

第四十四条 党组织应当保障监督对象的申辩权、申诉权等相关权利。经调查，监督对象没有不当行为的，应当予以澄清和正名。对以监督为名侮辱、诽谤、诬陷他人的，依纪严肃处理；涉嫌犯罪的移送司法机关处理。监督对象对处理决定不服的，可以依照党章规定提出申诉。有关党组织应当认真复议复查，并作出结论。

◆ 附　则 ◆

第四十五条 中央军事委员会可以根据本条例，制定相关规定。

第四十六条 本条例由中央纪律检查委员会负责解释。

第四十七条 本条例自发布之日起施行。

中央纪委监察部网站　制作